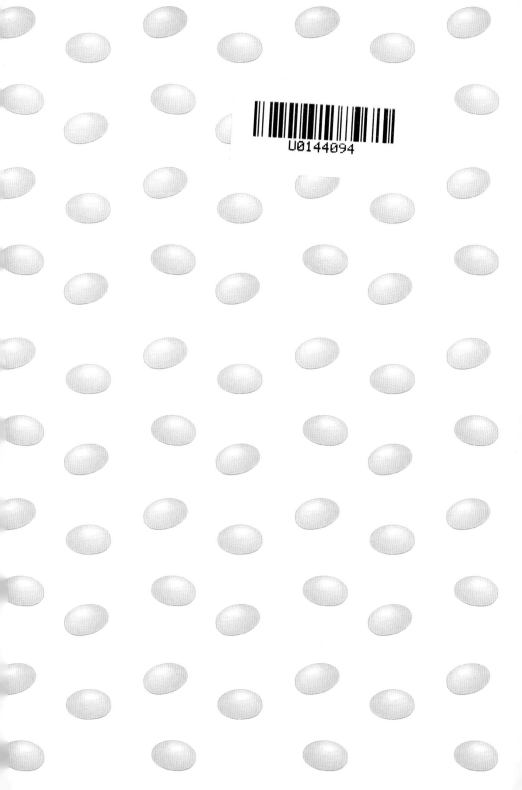

"你養鵝了嗎"

推薦序

推薦序

0056存股新顯學，
成為全民運動

————— 元大投信董事長 劉宗聖博士

台灣 ETF 市場發展這二年出現了明顯質變與量變，特別是 2020 年一開年全球遭遇 COVID-19 疫情的影響，造成全球股市大跌，台股當然也難置身事外，但我們發現了一個有趣的現象，台灣投資人對於配息型的台股 ETF，如元大台灣 50 (0050)、元大高股息 (0056) 這兩檔 ETF，今年第一季當股市大跌時，投資人逢低湧入投資，愈跌愈買，帶動兩檔 ETF 受益人數今年第一季分別都大幅成長超過 70%，這是台灣 ETF 市場自 2003 年以來 17 年的發展歷程中，前所未見的現象，也代表台灣投資人愈來愈多瞭解 ETF 的優勢後，成為中長期投資理財、退休規劃、資產配置的主要投資工具。

以《自己養會下金蛋的鵝》一書中提到適合小資族長期定期定額投資的 0056 為例，2017 年底時受益人數為 5.3 萬人，到了 2018 年底成長至 9.6 萬人（成長幅度為 81%)，2019 年底為 17.3 萬人（成長幅度 80%)，截至 2020 年 3 月底一舉衝破 30 萬人，成長幅度仍有 75%。0056 受益人數成長幅度如此驚人，且自 2019 年起超越 0050，躍居為台灣 ETF 市場中受益人數第一大。除了受益人數的驚人表現之外，0056 的規模也是呈現大幅成長，2017 年底剛突破 100 億元，來到 106 億元，2018 年底為 182 億元、2019 年底為 315 億元，今年第一季在股市大跌時，增加 232 億元，規模來到 547 億元，規模增加的速度也是令人驚豔。

　　身為 0056 的發行公司，我們認為促成 0056 近二年受益人數、規模大幅成長，有幾個關鍵：

一是退休議題引發全民關注：隨著台灣人口老化趨勢，多數股市投資人由交易型轉向配置型，近幾年存股議題相當受到關注與歡迎，而 0056 正好是可以幫投資人一次存 30 檔高股

息股，適合當成規劃退休金準備的投資工具。

二是低利率環境持續，台股殖利率高受到投資人青睞：今年第一季因為疫情關係，全球不少國家紛紛採取封城、鎖國措施，引發市場擔憂經濟衰退，美國 FED 再度將利率降至零利率，其他主要國家央行也紛紛跟進，在此低利率環境持續下，0056 每年穩定配息、且都能完成填息，又不配發本金的高股息特色，成為投資人逢低加碼的焦點。

三是股價相對低，投資年齡層廣：0056 長期而言，股價區間為 22~28 元，相較於 0050 高達 80 元，不論是對剛入社會的年輕人、小資族群、或是規劃退休理財、退休族而言，都是容易入手的投資標的。對年輕人、小資族群而言，定期定額買入，一方面可以養成儲蓄習慣、累積財富，另方面又可以當成中長期賺取價差與股息，對於正在規劃退休理財的投資人，特別是近年受到年金改革的公教族群，投資 0056 或可以彌補年金不足的疑慮，至於退休族群，0056 每年穩定配息的現金流，可以支應生活消費開支。

未來在低利率仍將持續下，資金持續搶收益的趨勢會更加明顯，而台灣投資人的存股風潮將不會停歇，預期 0056 仍將會是台灣投資人存股、存 ETF 的最愛，將成為全民運動。

簡單的方法
也能有具體成效

—— **國立臺灣大學國際企業研究所教授 黃恆獎博士**

我是季芸博士論文的指導教授，看著從她求學到畢業投入教職，一路走來始終保持著學習熱誠，不斷探索新奇有趣的事物。當她邀請我為她即將出版的書、而且是關於投資理財的書籍寫推薦序時，雖然感到有點驚訝，但卻又覺得這很符合她的風格，也很像她會做的事。看完這本書真的很有感觸，難怪季芸會這麼熱切的想要寫一本書，讓大家知道投資理財的重要性，以及愈早開始越好。

許多人都希望能變成有錢人，但是卻把每個月的薪水花光光，這樣當然一輩子都無法變有錢。除了缺乏資金外，很多人也認為投資理財是一件很複雜的事情，而且似乎存在著

極高的風險。為了解決這樣的疑慮，書中便教導大家把薪水優先支付給自己 (Pay yourself first.) 的方法，讓自己手邊開始有一筆錢（儲蓄），再把錢定期定額投資到安全穩健之標的 (0056)，然後把領到的股利再投資到此標的 (0056)，持續重複這樣的步驟即可。這樣就可以了？會不會太簡單？真的有辦法累積財富嗎？讀者也許會產生跟我同樣的疑問，書中便舉出巴菲特的經典名言：「人生就像一個雪球。重要的是，要找到濕的雪和一個非常長的山坡。」用以說明巴菲特的投資理念便是當個長期持股的投資人。此外，再以大家耳熟能詳的伊索寓言「下金蛋的鵝」，闡述鵝生蛋、蛋生鵝的複利效果。書中的亮點，就是鉅細靡遺的畫出每一年鵝與金蛋的繁殖過程，以簡單的方式呈現出複利效果。「鵝孫滿堂」一詞雖然詼諧，但此投資成果的畫面，卻能鮮明的烙印在腦海中，讓人有長期投資下去的動力。

我們日常生活中，經常會把錢花在一些可有可無的東西上，也不太在意一些小錢的流向，儼然就是散財童子、散財童女。書中教導大家，即便是一筆看似不起眼的花費，若能在支出前用機會成本的概念換算一下這個金額可以換購多少

零股股票，便能改善無意識的消費習慣，甚至使用撲滿將這些小錢存起來，購買更有價值的東西或是拿來投資。而書中最後的子女教育基金儲蓄法，以及就學貸清償策略，相信也可以讓很多人受益。

　　《自己養會下金蛋的鵝》這本書雖然沒有深奧的財務理論，但卻以簡單且易於理解的方式說明儲蓄與投資的步驟，並將過程中的投資成果具體展現出來，這對投資理財毫無頭緒的人來說，無啻是相當大的啟發。常聽到「富貴險中求」、「投資是有錢人才能做的事」之類的話，但這本書卻顛覆了這樣的想法。即便是一般的上班族、小資族、家庭主婦、甚至高中生與大學生，只要藉由小額資金，持續重複進行「定期定額投資」且「股利再投入」的程序，便能以安全、穩健的方式，為自己建立被動收入、邁向財務自由的人生。在動盪不安的年代裡，除了認真工作擁有穩定的薪資收入之外，藉由安全的投資方式為自己與家人建立經濟保障更顯重要。這本書的投資方法雖然無法讓人成為億萬富翁、大富大貴，但隨著歲月的流逝與年齡的增長，你將會看到時間所產生的神奇「複利」效果，以及屆時「鵝孫滿堂」的感動。

在人生旅途上
掌握選擇權

————國立臺灣師範大學 EMBA 執行長 王仕茹博士

不少大學教授終其一生都待在象牙塔裡，對外在世界的變化是無感的，在我看來，江季芸老師絕對不是這種類型。她不但敏銳地察覺到外在環境的變化，不斷充實企管與股票投資知識，更熱心於把專業知識傳播出去，期使更多人們能夠在人生旅途上握有選擇權，實現理想與抱負。我感佩於她的志業，也驚艷於她書裡的行文流暢與妙喻，真是迫不及待想要一覽為快！

自序

我是一位私立大學的老師，取得博士學位後投入教育界，剛開始任教的前幾年每天致力於教學、研究、服務自得其樂，日子過得充實又愉快，因此認為自己將會教書一輩子，為職涯畫上完美的 happy ending。然而民國 100 年之後，少子化對教育界的影響開始從幼稚園、小學、中學、高中，一路延燒到大學，減班、學校倒閉、流浪教師的新聞層出不窮，讓許多老師，特別是私校老師人人自危，深怕哪天學校招不到學生，飯碗也跟著沒了。

眼看著我以前博士班的學長姊、同學、學弟妹、以及我所認識的同儕們，除非是任職於公立大學無須擔心學校會倒閉之外，其他人不是想盡辦法跳到國立大學，就是抱怨學校福利縮減、評鑑制度愈來愈嚴苛，有些人甚至在無形壓力的煩憂下，讓身體與心理產生了異狀。

老師總是提醒同學，要培養專業知識、有一技之長，畢業後要找有發展前景的公司與產業。在少子化的衝擊下，大學邁向夕陽產業已是無法改變的趨勢，所以我決定把對同學的忠告送給自己，不能讓自己被溫水煮青蛙，直到有天突然

要被淘汰了才錯愕不已。因此我在民國 104 年下定決心，要為自己設定一個退場機制，10 年後要離開職場，不再受大環境的威脅。

　　為了達到這個目標，最重要的便是「自己的退休金自己存」，我開始大量閱讀投資理財的書籍與期刊雜誌，另外也涉獵健康與心靈成長的書籍來取得身心平衡，而且也開始培養廣泛的興趣，開啟我的斜槓生涯。因為我的人生有了這樣的轉變，每天都充滿了正向積極的能量，開心迎接不同的任務與挑戰，在學校對學生付出的時間與心力反而有增無減，也讓自己獲得更多的成就感，這些都是始料未及的。

　　在進行這個 10 年計畫的過程中，我發現了一些現象，隨著時間的推移，我愈來愈覺得應該把這些體悟寫成一本書，讓每天與我朝夕相處的大學生、剛踏入職場的社會新鮮人、以及投入職場數年的小資族們，在年輕時就明白投資理財的重要性，並提供簡單可行的投資方法，讓他們及早培養良好的金錢觀與消費模式，既能快樂生活又能聰明理財，為自己建立一個被動收入系統，達到財富自主的目標。此外，當年

輕人結婚生子，人生進入下一個階段後，接踵而至的便是為子女儲蓄教育基金的財務課題。若能計畫性將這筆基金準備好的話，子女才會成為甜蜜的負擔，而非變成沉重的負荷。

年輕時生活過得輕鬆愜意，誰會想到要投資理財呢？等到步入中年之後，才發現薪水不夠用，光靠薪水是無法致富的，所以才迫切想要投資理財。因此，坊間大多數這類書籍都是寫給大人、有一定年紀的人看的，一來艱澀難懂，再來需要較多的資金或經驗方能投資。為了解決這樣的問題，我以大家都看得懂的文字、新聞時事、生活範例為基礎，並以圖片和表格輔助說明，再藉由每個月小額定期定額的資金來執行投資計畫。

大家也許都耳聞過「複利」這個名詞，也曾在一些書上看過各種形式的複利計算表格，但是看完了以後還是一頭霧水，不太了解它究竟是如何發揮效用的。為了解開這個謎團，我把巴菲特的投資原理、伊索寓言「下金蛋的鵝」、以及本書的定期定額投資策略，三者結合在一起，以圖形的方式呈現出鵝生蛋、蛋生鵝 ... 循環不已的視覺效果，讓讀者實際感受一下錢滾錢的驚人複利魔法。

為了讓大家成為金錢的主人，而非變成金錢的奴隸，本書將教導讀者「薪水優先支付給自己」的觀念，以及學習如何利用「機會成本」的概念對消費與儲蓄進行判斷，讓自己既能滿足物慾又能有更多資金進行投資，活得開心又自在。本書最後也提供了儲蓄子女教育基金的投資建議，為子女從小開始累積資金，屆時便能從容完成大學學業。此外，本書還提供就學貸款的還款建議，讓原本承受沉重貸款壓力的人，也有機會為自己累積財富，迎接光明燦爛的未來。

　　我在這幾年閱讀中領悟到，不論是何種宗教信仰，神的旨意皆是希望每個人都能擁有健康、快樂、富足的人生。每個人都應該努力展現自我、發展才能、追求財富，如此才能享受豐富、圓滿、喜樂的生活，並讓自己有能力發揮善的力量，讓世界更美好。

　　願善良、真誠以及感恩的心，與你我同在。

導讀

所謂「你不理財、財不理你」，大家都知道投資理財的重要性。然而，不少人經常感嘆，賺來的錢根本入不敷出，哪有辦法再擠出錢來投資呢？此外，「投資有賺有賠，投資前請詳閱公開說明書」，這句廣告台詞也深植人心，此類善意的提醒讓一些個性謹慎的人因為擔憂虧損，所以選擇最安全的方式「定存」，來確保財產安全無虞。

把薪水的優先支配權回歸到自己身上

投資理財有兩個最基本的要素，一是準備「資金」，二是選擇安全穩健的「投資工具／標的」。本書便是在這兩個基礎上，說明如何將每個月賺來的錢預扣一部份金額起來，亦即使用「薪水優先支付給自己」的概念，把薪水的優先支配權回歸到自己身上，如此一來，便能開始搭上投資的列車，航向財務自由的未來。另一方面，在享受生活、開心消費之餘，若能把「機會成本」的概念融入到購買決策中，將能在不影響生活品質、不犧牲人生樂趣的情況下，以輕鬆的方式「生出」為數可觀的小錢，加速投資的成效。

接下來便是選擇適當的投資標的。對一般人而言，買房

收租的成本太高，然而若想投入股市，在茫茫股海中又不知道應該購買哪些股票，且難以判斷進場與出場的時機。巴菲特一再建議沒有時間專研股市且不知如何挑選個股的人購買ETF，只要以購買ETF的方式輕鬆投資並持續定期買進，一旦投資的時間愈長久，就能累積愈多的財富。而在台股中，就有一檔很適合小資族的指數型基金ETF：「元大台灣高股息基金（股票代號為0056)」，買進一張0056就等於買進了30家配息優渥公司的股票，讓自己每年坐領股利，化身為股市裡的包租公／包租婆。

但是0056一張要價兩萬多元，小資族一次哪能買得起一張股票呢？本書因此以伊索寓言「下金蛋的鵝」這個故事做為比喻，將每隻鵝比擬成一張0056股票，並把每年配發的股利比擬成金蛋。我們去菜市場買鵝，可以買整隻，也可以只買鵝頭、鵝翅、鵝身等，分別購買不同的部位，另外也能告訴老闆我們想買多少錢的鵝肉。也就是說，我們可以定期定額扣款，用買零股的方式分批買進股票（鵝），這樣就能逐漸湊成一張股票（一整隻鵝）。之後帳戶裡面不論是一整張股票（一整隻鵝）或是零股（某個部位的鵝），每年都會配發股利（金

蛋），接著我們只要把領到的所有股利（金蛋）全數再繼續購
買零股／股票（鵝），如此一來便能開始發揮複利的投資效果。

為自己打造「被動收入系統」

　　本書將以 0056 實際的十年平均價格與股利為基礎，計算
從第一年開始進行定期定額投資，其後四十年期間每一年所
擁有的股票與股利之變化過程，並藉由相對應的「鵝生蛋、
蛋生鵝」生生不息的圖示，讓大家見證巴菲特所說的長時間
財富累積成果，體驗一下複利的神奇魔力。至於大家所擔心
的股票價格起伏不定、漲漲跌跌所產生之投資風險，本書則
是以 0056 十年期間每一年的實際歷史價格作為基礎，驗證規
律進行定期定額投資十年，過程中所有購買股票的平均價格，
最後竟然等於 0056 的十年歷史平均價格，從而讓大家明瞭只
要持之以恆的定期定額投資，將能有效分散價格起伏變動的
投資風險。從此以後大家不用每天緊張兮兮地盯盤，導致心
情跟著股價盤旋起伏，因而可以放心自在的持續投資下去，
享受穩健的投資成果。

　　如果你想要學習簡單的儲蓄與投資方法，讓資產以安全、
穩健的方式逐年增加，最後為自己打造一個「被動收入系

統」，爾後每年都可以坐領一筆豐厚的股利收入的話，閱讀本書將能帶給你很大的啟發，而實際執行投資計畫則能帶給你穩健的財富。然而，若你想藉由炒短線、聽明牌、以在股市裡殺進殺出的方式快速致富的話，本書就不適合你了。每個人追求財富的目標以及風險承擔能力各不相同，只要能夠了解自己的個性與需求，選擇適合自己的投資方法，所有人有朝一日都能達到財富自由的境界。

前言

近年來，中美貿易大戰導致國際政經局勢動盪不安，而台灣多年來統獨議題紛紛擾擾也讓民眾無所適從。企業關門大吉、裁員、失業、物價上漲、實質所得倒退等，諸如此類的新聞讓大家感受到無形的壓力。根據勞動部 108 年 1 月份公布的勞保精算報告顯示，勞保的破產年限將由原本預計的 2027 年提前為 2026 年，此新聞出來後人人自危，擔心未來的退休金化為烏有。雖然爾後政府官員立即出來信心喊話，說明行政院將於 109 年撥補 200 億元挹注勞保基金，且政府會負最終責任、勞工不會領不到錢，即便政府已經做了這樣的宣示，依然無法完全消彌大眾心中的疑慮。

年金存在著破產風險

除了勞保有破產危機之外，公保、軍保、國民年金也同樣存在著破產的風險。民眾不論從事何種行業，在辛苦工作一輩子之後，若想到退休後不能領到投保了大半輩子的保險與年金給付，焦慮的情緒便不時湧上心頭，因而影響了身心的健康。此外，對於某些已經退休的人而言，近年來的年金改革措施，致使他們原本可支配的退休金突然減少，因而不夠支付既有的生活開支，但此時他們也年老體衰、無法重新投入就業市

場賺錢，所以不勝唏噓。有些即將退休的人，發現他們可以領到的錢不如原先預期，決定延緩退休繼續賣命工作，有些則因不滿既有福利被刪減而憤恨不平，紛紛走上街頭示威抗議。過去的世代，大家只要認真讀書，畢業後找到一份穩定的工作，每個月除了有一份固定薪水之外，在退休後也能領到一筆退休金或有月退俸來安養天年。但近年來隨著國家經濟低迷不振、財政赤字擴大、少子化與人口老化、勞動人力減少等因素，造成勞保基金、公保基金、軍保基金、國民年金基金等等財務狀況持續惡化，大家忽然有一種大夢初醒的感慨，驚覺自己無法按照原先的計畫，擁有一筆充裕的資金來享受退休生活。

花錢如流水的時代

相較於上述之中年、接近退休、以及已經退休的銀髮長輩等族群，他們遭遇退休準備金不足的煩惱，年輕族群則是面對著不同困境。大學生一邊讀書一邊打工賺取學費與生活費，另外還要擔心畢業後找不到正職的好工作。社會新鮮人則是起薪低，薪水除了要支應日常生活開銷之外，不少人還要償還大學時期所積欠的就學貸款。這群年輕人必須在職場累積數年資歷後，方能由基層的小資族晉升為高薪的管理階層。有些長輩常批評現在的年輕人愛花錢、愛享受、不知節儉，殊不知在什麼都漲的年代裡，這些長輩過去的低物價歲月已經回不去了。

首先，我們先計算一天關於吃的基本費用。【早餐】一般早餐店烤土司＋冰奶茶：55 元；【午餐】雞腿便當 95 元；

【下午】：一杯珍珠奶茶 50 元 (p.s 不是點星○克 120 元的拿鐵喔 !)；【晚餐】小吃攤的滷肉飯＋滷蛋＋燙青菜＋貢丸湯：100 元。沒有豪華大餐，光是基本的餐飲費一天合計 300 元，換算成一個月 30 天就要 9,000 元。離鄉背井、在台北謀生的上班族，再租個小小的雅房約 8,000 元 (套房至少 1 萬元起跳)。一個月想要滿足馬斯洛需要層級最底層的生理需要 (吃)+ 安全需要 (住)，在尚未吃好、住好的情況下，每個月領到薪水裡的 17,000 元就沒了，這也無外乎這個世代裡的年輕人會「花錢如流水」，真是寶寶心裡苦、但寶寶不說啊。

買不起房子的無力感

　　除了物價上漲之外，台灣的房地產價格更是大幅攀升，根據內政部不動產資訊平台 (註1) 的資料顯示，民國 92 年第一季全國房價所得比為 4.41，民國 100 年第一季全國房價所得比為 7.31，民國 107 年第一季全國的房價所得比則上升至 9.08。在民國 92 年，以全台灣各地區平均而言，民眾只要不吃不喝 4.41 年就能買到一間房子，但到了 107 年則必須不吃不喝兩倍的時間，要花 9 年才買得到。新北市此期間的比例由 6.46 提高至 12.75，台北市此期間的漲幅更為驚人，由 6.16 上漲約 2.5 倍至 15.00，此意味著民國 92 年時台北市民不吃不喝 6.16 年就能購得一間房子，但是現在則是必須花 15 年的時間才買得起，令人無法想像。

物價居高不下已經讓低薪的年輕族群大嘆生活不易了，再計算一下每個月薪水扣除掉生活所需的費用後，那所剩無幾的存款不知道要累積到何年何月才能購買得起一間屬於自己的窩，擁有自己房子的想法，在這個世代彷彿就像一個遙不可及的夢想。在低薪、窮忙的時代裡，這種就算努力工作賺錢也買不起房子的無力感，讓很多年輕人看不到未來，不少人因而普遍存在著厭世感。

表 1 》 全國房價所得比

年度季別	全國	新北市	台北市
107Q1	9.08	12.75	15.00
100Q1	7.31	9.34	12.94
092Q1	4.41	6.46	6.16

資料來源：內政部不動產資訊平台

生活在台灣這片土地的我們，每個世代的族群分別處於生命週期裡的不同階段，面臨著不同人生課題的挑戰，以及肩負著不同的責任與義務，也衍生出不同的壓力與苦悶。

註 1：http://pip.moi.gov.tw/V2/E/SCRE0201.aspx

理想與現實的差距

人們常常只顧著向前奔跑，
但卻忘了偶爾也要停下腳步，
檢查是否走在正確的道路上。

大多數人在小學時，都曾被老師要求撰寫一篇名為「我的志願」的作文。大家在似懂非懂的年紀，寫下自己長大後想要從事什麼職業？在社會上扮演什麼樣的角色？成為哪種類型的人？我們也曾想過長大後要賺多少錢？住在什樣的房子裡？開著什樣的車？幻想著每天可以吃喝玩樂、周遊列國、到處旅行。許多人看著自己的父母每天朝九晚五去上班，有時甚至晚上或假日還必須加班，日復一日、年復一年過著這樣的日子，目的就是要賺更多的錢，讓子女擁有更好的生活，接受更好的教育，希望子女長大後能出人頭地，別和他們一樣辛苦。許多人轉眼間自己也長大成人了，也建立了自己的家庭，在打拼了大半輩子之後，卻發現自己似乎步上了父母的後塵，無法跳脫為生活忙忙碌碌工作、但財務狀況依舊吃緊的輪迴。

要從錯誤中得到教訓

為何大多數人這輩子明明都很努力工作，但最後還是無法擁有足夠的財富來過著自己理想中的生活呢？那是因為我們以為只要有份穩定的工作，每個月領到薪水後就會變有錢。然後只要再更努力工作，加薪與領到獎金之後，就會變得更有錢。就這麼過了好多年之後，雖然每個月領到的錢變多了，物質生活也提升了，但卻發現和富裕的境界還是有一段很大

的差距。大多數人為了謀生，只好找份工作，為了賺更多錢，只好更拼命的工作。然而，有工作才有薪水可領，一旦哪天請假，薪水也跟著沒了。如同倉鼠在滾輪上奔跑著，奮力跑了好長的時間後，才發現依舊在原地打轉，就像是自己努力工作了大半輩子之後，感嘆存款與資產所增無幾。

　　人們常常只顧著向前奔跑，但卻忘了偶爾也要停下腳步，檢查是否走在正確的道路上，若發現迷失了方向，離原先設定的目標越來越遠的話，就應該思考如何進行修正。有句諺語說，要從自己的錯誤中得到教訓，但更聰明的作法則是，要從別人的錯誤中學習教訓。想要追求財富、擁有更好的生活，這是人類的本性。若你已經工作一、二十年，轉眼間已經邁入三、四十歲的年齡了，評估一下目前的財富狀況後，發現依然過著每個月被各種家庭支出與帳單追著跑的日子，肩負著沉重的經濟壓力，這時候就必須檢討過去的理財與消費習慣中有那些錯誤，學習更佳的方法並著手改善。

　　若你現在才一、二十歲，正值高中與大學的年少階段，請看看你的父母是否因為投資理財有方，使你能享受富足快樂的生活；還是父母每天為了生計辛勤忙碌工作但卻依然入不敷出，家裡甚至經常上演著雙親為了金錢而爭吵的戲碼。若你父母屬於前者的話，恭喜你生長在一個富裕的家庭，你一定要好好向父母學習投資理財的方法，讓自己未來成家立業後也有能力繼續享受同樣的生活。若你的父母屬於後者的話，也別感到氣餒沮喪，要從他們身上記取教訓，不要重蹈覆轍。只要能及早在求學時期學習投資理財觀念，一進入職場開始賺錢後即刻執行財務投資規劃，雖然沒有富爸爸能成

為富二代，但卻能藉由自己的能力累積財富，使自己成為富一代。

　　錢不是萬能，但沒有錢萬萬不能，光靠每個月的固定薪水，是無法讓人過想要的生活、做喜歡做的事、購買想要的商品、享受不受拘束、自由自在的感覺。因此，如何妥善運用有限的薪水，讓生活所需能獲得滿足之外，又能撥出一部分金錢進行投資來增加財富，將是重大的人生課題。

巴菲特的滾雪球

投資的時間越早開始越好，
這樣才能享受長時間所創造出來的複利效果。

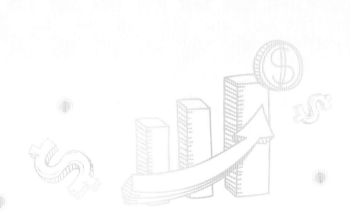

眾人皆敬重的股神巴菲特說：「人生就像一個雪球。重要的是，要找到濕的雪和一個非常長的山坡 (Life is like a snowball. The important thing is finding wet snow and a really long hill.)」。以巴菲特的投資哲學而言，累積財富的方法就如同滾雪球，但要如何才能讓自己的財富如同滾雪球一樣，越滾越大呢？做法是要找到「小雪球」以及「一個非常長的山坡」，只要讓小雪球在一個濕漉漉的山坡頂端滾下去，小雪球將會愈滾越大。以投資理財的觀點而言，找到「小雪球」意味著找到好的投資標的 (好公司)，「一個非常長的山坡」則是指你必須要投資一段很長的時間，也就是買進一家好公司的股票，然後長期持有，最後將會累積出鉅額的財富。

趁著年輕的時候開始投資

這樣的投資哲學看起來不難，但為何大多數人無法複製巴菲特的成功經驗呢？首先是要依循巴菲特價值投資的法則，找到一家價值被低估的企業，然後在它股價處於低價時買進。但一般投資人通常缺乏專業知識與充足資訊，難以判斷一家公司的營運績效、 know-how 與技術獨特性、管理階層的品格與能力、公司的未來發展前景等因素，因此不易找到優良的投資標的。有時即便找到了也會懷疑自己的選擇是否正確，因為不敢買進這些公司的股票而錯失賺錢的機會；有時則是

因為評估錯誤而買進不佳的公司股票，因而賠錢。

　　其次則是關於時間的問題。台灣股市瀰漫著濃濃的投機風氣，許多投資人在股市裡殺進殺出，期望能在股市裡快速致富，然而這種短期操作的賭徒心態，讓不少人在股市裡載浮載沉，最終仍逃離不了賠錢的命運而黯然離開股市。另外關於「一個非常長的山坡」的議題，是指要趁著年輕的時候，便開始進行投資。大學畢業進入職場後，終於能夠賺錢花錢了。在二十幾歲時覺得年輕就是本錢，錢沒有了再賺就有，一人飽、全家飽，基於這樣的想法，不少人的青春年華歲月便在吃喝玩樂中渡過。年輕時薪水低再加上花費高，這段期間當然沒有存下太多積蓄。

　　轉眼間人生已經邁入三十而立的階段了，此時正逢成家立業之際，買車買房、子女接連出生，龐大的家庭支出讓人喘不過氣來，此時才後悔年輕時沒有多存一點錢，此刻雖然體悟到投資理財的重要性，但是「一個非常長的山坡」也已經下降一段不算小的距離了。就這麼又過了一段時間，人生已屆四十，上有高堂、下有子女需要扶養，經濟壓力依然沉重，更需要認真衝刺事業、努力賺錢。若人生即將進入下半場才想到要投資理財的話，此時也來到「一個非常長的山坡」

的半山腰，此生能用來創造財富的時間也僅剩一半了。年過五十之後雖然家庭開支減少、經濟情況漸入穩定，但此刻卻開始視茫茫而髮蒼蒼，感嘆體力大不如前，對於未竟之事更是心有餘而力不足啊。

老本不夠吃的窘境

　　有些人則從未想過要投資理財，認為只要盡忠職守為公司或政府工作一輩子，退休後便能坐領勞保、工保、軍保、國民年金等收入，不用擔心煩惱晚年生活。孰不知近年來各種基金面臨破產的危機以及許多福利被縮減，讓退休保障突然消失。這群年過五、六十歲的民眾，因為接近退休的年齡，所以能用來創造財富的時間也所剩無幾了，不僅未來沒有收入，還要面臨吃老本、且老本不夠吃的窘境，有種時不予我、千金難買早知道的感概。

　　巴菲特說的「一個非常長的山坡」，便是在說明投資的時間越早開始越好，這樣才能享受長時間所創造出來的複利效果。巴菲特出生於 1930 年，他在 12 歲展開投資生涯買下人生的第一支股票，至今投資的時間已經超過 77 年了，再加上精準的投資眼光，因而締造出驚人的財富。一般人想如同巴菲特累積如此長期的投資時間實屬不易，一來必須要從年

少時便開始，二來必須身體健康、長命百歲。

　　若我們願意向巴菲特學習，大學畢業投入職場後領到的第一份薪水便進行投資，從 23 歲開始至 65 歲退休，就能擁有一個 42 年的歲月山坡來累積財富；若 35 歲才開始投資的話，歲月山坡的長度縮短為 30 年；若 45 歲才開始投資的話，歲月山坡的長度縮短為 20 年；若遲至 55 歲才開始投資的話，能夠創造財富的歲月山坡長度僅剩下 10 年的時間。

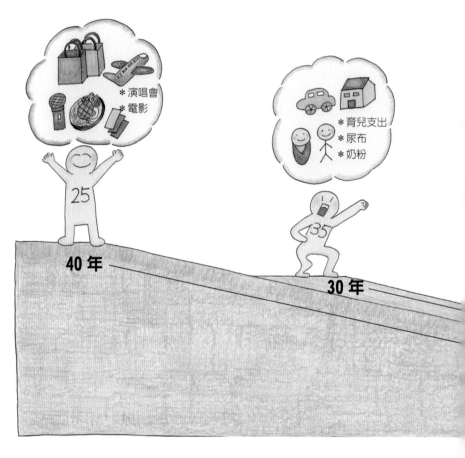

＊演唱會
＊電影

25

40 年

＊育兒支出
＊尿布
＊奶粉

35

30 年

　　從小到大，我們的教育主要著重於培養學生擁有專業知識與技能，以便畢業後能找到一份好工作。大家具備謀生能力，投入各行各業維持國家經濟社會的發展，個人也能賺取薪水維持生計，這樣的教育方針是對的。然而不足的是，大多數學校沒有教導財富的智商，很多人到了三、四十歲才發現光靠薪水不會變有錢，那時候才開始學習投資理財的知識

與技巧，但寶貴的光陰歲月已悄悄流失，減損了長時間所能
累積的複利效果。如果你現在已經三、四十歲了，只要願意，
開始永遠不嫌晚，還有二、三十年的時間可以為自己創造財
富。如果你現在還在求學階段，畢業後一定要立即開始投資
理財，年輕就是本錢，你將能為自己建立一個四十年以上的
歲月長坡，邁向財富自由的境界。

下金蛋的鵝

如果起了貪念而殺鵝取卵的話，
將會變得一無所有。

大家應該都聽過伊索寓言中「下金蛋的鵝」的故事，各種版本略有不同，但內容大致如下：

有一個農夫，他有一隻非常神奇的鵝，這隻鵝每天都會為他生下一個金蛋。農夫每天把這個金蛋拿去市場賣掉，然後可以用這些錢來買許多東西。漸漸的，農夫愈來愈有錢了。但農夫還是不知足，因為這隻鵝一天只生一個金蛋，不知道要等到何時才能變成大富翁啊！貪心的農夫心想，這隻鵝的肚子裡面應該有很多的金蛋，不如把鵝殺了，直接把全部的金蛋拿出來，這樣馬上就能變成大富翁。農夫剖開鵝的肚子後，發現裡面什麼都沒有，而且因為這隻鵝死了，所以農夫再也沒有金蛋。

每個伊索寓言故事都隱含著一個重要的寓意，這則故事是要告訴大家「貪心」的下場，如果起了貪念而殺鵝取卵的話，將會變得一無所有。但以投資理財的角度而言，我們還能從這個故事獲得其他啟示。

　　如果你每天都把金蛋換來的錢全部花光的話，你就會變成「日光族」，一無所剩。但如果你把換來的錢拿出一部分去買鵝的話，這些鵝將會生蛋給你，然後這些蛋都不要賣掉或吃掉，讓他們孵化長大後，便能繼續生蛋給你，這樣生生不息循環數年後，你便能建立出一座開心鵝場了。雖然我們無法像這個農夫一樣幸運，能夠擁有一隻會下金蛋的鵝，但我們可以想辦法自己買鵝生蛋，後面章節將會繼續討論如何提撥資金、定期定額投資、創造複利效果以及建立被動收入系統的方法。

把薪水優先支付給自己

古代巴比倫的富翁教導大家，
想要致富的第一步，
便是要「優先支付給自己」(Pay yourself first.)

有房貸車貸的人，要把賺來的薪水奉獻給銀行；租房子的人，要把薪水奉獻給房東；車子加油時，要把薪水奉獻給加油站；去大賣場買蔬菜水果、生活用品時，要把薪水奉獻給店家；出國旅遊時，要把薪水奉獻給飯店、航空公司、旅行社……等。此外，在自由經濟市場裡，廠商推出琳瑯滿目的商品來吸引消費者的注意，然後再以各式各樣的行銷手法來刺激顧客的慾望，腦波弱的民眾，因為受不了誘惑，而購買形形色色也許是自己需要、甚至是不需要的東西，皮包裡面的錢，也因此不斷飛奔到廠商的懷抱裡。

致富的第一步

　　不少人經常感嘆沒有錢，這是因為每個月初領到薪水之後，接下來日常生活中的食衣住行育樂等支出，以及接踵而來的水電費、瓦斯費、電信費…等各類帳單蜂湧而至，讓薪水一點一滴的離我們而去。每個月一開始時雖然都暗自決定這個月一定要存錢，但月底時發現口袋依舊空空如也。這是因為我們習慣先把薪水用來支付給別人，剩下來的才留給自己，但最終結果通常是花到一毛不剩，或是只剩下一點點錢，如此一來當然存不到錢。我們努力工作明明就是想要讓自己變成有錢人，但最後卻淪落為別人打工，讓別人變成有錢人。

　　古代巴比倫的富翁教導大家，想要致富的第一步，便是要「優先支付給自己」(Pay yourself first.)，一領到薪水便先把十分之一的錢放到自己的口袋裡，不要隨便花掉，剩下來的十分之九再拿來支付日常所需的費用。所以，從現在開始我們必須改變薪水的配置方式，一領到薪水後便立刻把十分之一的錢，存到一個用來固定投資理財的專戶中，最好的方法就是去銀行設定完成自動轉帳的功能，如此一來，原來的薪資帳戶裡面只剩下十分之九的金額可供使用，完成把十分之一薪水優先支付給自己的任務。不是領固定薪水的人，變通的作法是每當領到一筆收入時，立刻從中拿出十分之一的

錢，把它放到一個信封裡，累積到一定金額後再把這筆錢拿去銀行存起來。

有些人可能會說，我現在每個月領到的薪水，已經完全分配到各種項目裡了，十分之九的金額根本不夠支應目前的生活開支。其實人是很有彈性、可以因應狀況作調整的動物，當可支配所得變少時，自然會這邊少花一點、那邊少買一點，然後發現這樣的生活好像也還過得過去，久而久之也就漸漸適應新的消費模式和生活水準了。所以不要再抱怨薪水很少，也別再找藉口說存不到錢，你每個月辛辛苦苦賺來的錢，當然要第一個優先支付給自己，從現在起就開始當自己薪水的主人，為自己工作而不是為公司、店家、商人……工作，這樣上班起來才有動力。一但養成每個月把薪水十分之一優先支付給自己的習慣，就能成功建立起自動儲蓄的機制，接下來就有資金開始進行這本書的投資計畫 ——「自己養會下金蛋的鵝」。

自己養會下金蛋的鵝

對大多數的受薪階級而言，他們的主要收入
來自於每個月工作所賺取的薪水，
然而對大部份的富人而言，
他們並非靠薪水來賺取收入，而是靠經營企業或
是投資房地產和股票等金融商品來獲得財富。

大家都想變成有錢人，更希望能讓自己錢滾錢、錢財不斷滾滾而來。只要找對投資工具，耐心的持續建造被動收入系統，等到有朝一日完工之後，個人專屬的被動收入系統便會啟動自動生錢給你的機制，實現財富自由的夢想。

接下來的內容，將把①巴菲特的投資原理；②伊索寓言下金蛋的鵝故事；以及③本書的投資策略：自己養會下金蛋的鵝，這三者結合在一起，並利用 Input(投入) → Process(流程) → Output(產出) 的模式，說明它們的概念與實際做法。

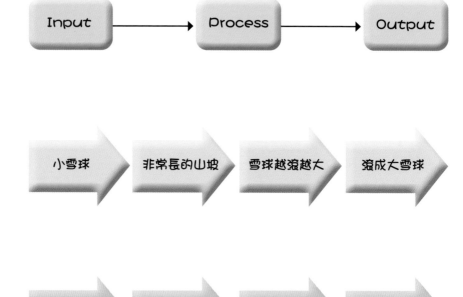

挑選品種優良的鵝

在台灣，不少人懷抱著創業的憧憬，一來既不用上班看老闆的臉色，再來還能一展個人長才開拓商機與市場，賺取豐厚利潤。另外，許多人也希望自己擁有一間房屋或金店面，當個包租公／包租婆，每個月坐領房客自動送上門來的房租。我們雖然不時在報章雜誌上可以看到激勵人心的成功創業故事，然而實際走在街道上，卻發現不少店面拉下大門，張貼著出租／出售的告示，新聞也經常報導著景氣不佳、企業倒閉的消息。自己當老闆雖然好像可以賺到很多錢，但是也要承擔失敗賠錢的風險。

此外，近年來物價節節攀升，有些人因為籌不出頭期款而必須承租房屋，有些則被沉重的房貸壓力壓得喘不過氣。對一般市井小民而言，擁有自己的房子已經是人生中的大確幸了，哪有多餘資金再買下一間房子當包租公／包租婆呢？

對大多數的受薪階級而言，他們的主要收入來自於每個月工作所賺取的薪水，然而對大部份的富人而言，他們並非靠薪水來賺取收入，而是靠經營企業或是投資房地產和股票

等金融商品來獲得財富。一般人雖然沒有能力創業，也沒有龐大資金來投資房地產，但卻可以利用小額資金參與股市，為自己創造財富。為了讓我們的投資標的能符合巴菲特的價值投資原則，且希望我們挑選出來的那個「小雪球」，可以同時滿足創業當老闆以及當包租公 / 包租婆坐領房租的兩個願望，在眾多的股票名單中，有一檔 ETF 相當符合上述特質，全名為「元大台灣高股息基金」，股票代號為 0056(本書之後將簡稱為 0056)。

0056 是以臺灣 50 指數及臺灣中型 100 指數共 150 支成分股作為基礎，選取未來一年預測現金股利殖利率最高的 30 支股票作為成分股，並採現金股利殖利率加權。這 30 家公司涵蓋不同的產業，成分股乃根據公司表現與獲利狀況定期調整，因此可以掌控市場脈動並分散個股投資風險，而且配息機制也能為投資人產生穩定的股利收入。這 30 家公司持股的比重相當平均，介於 1.86%~6.75% (參見表 2)，因此，不會因為個別成分股發生問題而對整體造成重大影響 。(註 2)

註 2：http://www.yuantaetfs.com/#/Products/1084

表 2 》 元大台灣高股息基金詳細基金成分股

股票代碼	股票名稱	持股權重	股數
1101	台 泥	3.39	19,990,931
1326	台 化	1.86	4,978,701
2027	大成鋼	2.22	15,455,575
2301	光寶科	2.86	13,796,311
2324	仁 寶	2.48	32,687,173
2327	國 巨	6.75	5,261,404
2347	聯 強	2.50	16,385,779
2352	佳世達	3.54	38,383,033
2356	英業達	2.77	30,098,481
2357	華 碩	2.70	3,075,218
2376	技 嘉	2.97	14,240,058
2377	微 星	3.88	10,120,673
2382	廣 達	2.65	11,510,405
2385	群 光	3.33	8,427,163
2408	南亞科	3.36	11,294,828
2439	美 律	2.62	3,991,664
2449	京元電子	3.98	25,701,613

2451	創　見	2.17	7,874,685
2542	興富發	2.82	14,444,566
2886	兆豐金	2.18	17,621,883
2915	潤泰全	4.08	13,593,593
3005	神　基	3.77	18,281,936
3034	聯　詠	3.15	4,038,268
3231	緯　創	3.17	28,161,100
3532	台勝科	3.98	8,229,342
3702	大聯大	2.95	18,592,648
4938	和　碩	3.06	12,989,865
6176	瑞　儀	3.28	6,699,768
6239	力　威	2.93	7,851,239
9945	潤泰新	3.79	20,064,717

資料來源：元大投信官網 2019/10/16

　　且歷年來股價大致介於 21~28 元，波動幅度相對穩定。0056 於 2009 年開始配息，每年平均股利為為 1.385 元，平均殖利率為 5.8%(註3)，股利也相當穩健。

註 3：https://goodinfo.tw/StockInfo/StockDividendPolicy.
　　　asp?STOCK_ID=0056&MAP_YEAR=DISPATCH%5FYE

　　因此，買進 0056，就等於一次買進 30 家精選過績效卓越的好公司，如同成為 30 家上市公司的大老闆，而且每年還能分享公司的經營成果，坐領股利，實現成為股市裡的包租公／包租婆願望。我們之前提過要去市場挑選品種優良的鵝回家飼養，其過程就如同在台灣證券交易所眾多投資標的中，選定 0056。接下來，就要開始執行長期投資計畫，讓「小雪球」與「品種優良的鵝」，發揮神奇效用了。

補充：為何我們不選擇另一檔大家耳熟能詳的 ETF: 元大台灣卓越 50 證券投資信託基金 (俗稱台灣 50；股票代號 0050) 呢？它是追蹤臺灣 50 指數之績效表現，成分股是由上市股票中評選出 50 檔市值最大、符合篩選條件的上市股票。目前台積電占成股比重 37.49%，雖然近年來台積電的技術領先且經營成效卓越，但若哪天企業發生巨大變革，其超過 1/3 的成分股比重勢必對股票產生重大影響 (註 4)。台灣 50 近年來的股價大約介於 50 元 ~90 元，股價波動幅度較大，且每年平均股利為 1.85 元，殖利率僅約 3.5% (註 5)，綜合上述特質，雖然台灣 50 也相當優秀，但卻比較不適合做為我們長期投資標的。

註 4：http://www.yuantaetfs.com/#/FundWeights/1066
註 5：https://goodinfo.tw/StockInfo/ShowK_Chart.asp?STOCK_
　　　ID=0056&CHT_CAT2=MONTH

定期定額投資不間斷

　　說到投資，很多人除了不知道如何挑選適合的投資工具與標的之外，另外一個大問題就是沒有錢，台語有一句俗諺充分反映出這樣的心聲：「生吃都不夠了，哪有多餘的可以曬乾！」理財專家常建議民眾要先存到一桶金，這樣才能有足夠的資金進行投資。大多數人心目中的第一桶金是多少錢呢？大致上是指一百萬元。即便每個月省吃儉用存下一萬元，一年 12 萬元，這樣至少要存 8 年以上才有一百萬元。如果從大學畢業 23 歲開始存起，達到目標時也已經 31 歲，如此一來，巴菲特說的非常長的山坡也縮短 8 年了。因此，我們必須打破必須存到第一桶金之後才能開始投資的迷思，畢業領到第一份薪水後，就開始小額投資。

　　年輕就是本錢，大學畢業生和社會新鮮人在投資上的優勢就是擁有一個非常長的山坡，但弱勢則是低薪。之前我們建議大家要成為自己薪水的主人，一領到薪水後便要優先支付 1/10 的金額給自己，這個適用於已經步入三十而立階段以後，薪水較高但過往沒有儲蓄習慣，所以缺乏資金進行投資的族群。假設一個社會新鮮人薪水是三萬元，優先支付給自

己 1/10 的金額，每個月投資三千元，這麼小的雪球即便有很長的山坡，也很難滾出一個退休之後所需要的大雪球。強烈建議年輕的小資族們，一定要在一人飽、全家飽、尚未有家庭財務負擔的人生階段中，每個月強迫自己存下六千元，剩餘的薪水再用來支應生活開銷。趁著自己還年輕、可塑性較高的情況下，養成良好的儲蓄與消費習慣。

　　想像自己就是年輕時的巴菲特，立即展開投資的旅程。首先去銀行設定每個月薪水自動轉帳 6,020 元至指定的投資帳戶 (註 :1. 許多銀行有給薪轉戶一個月數次轉帳零手續費的福利，這樣就可以省下手續費；2. 每家證券公司交易手續費不一樣，例如某公司的規定為申購金額之千分之 0.855，每筆手續費最少為新台幣 20 元。本書以此為基準故手續費為 20 元，所以應將約定轉帳金額設定為 6,020 元)。接下來再到證券公司開戶，提出每個月購買一次 6,000 元的 0056 定期定額申購手續 (也能透過手機 APP 或網路設定，如圖 1 所示。如果擔心操作錯誤，請由證券公司營業員協助申請)。

圖 1 》 定期定額申購示意圖

◢ 定期定額申請

投資標的名稱	0056 元大高股息
投資金額	6000
每月指定買進日期	06 日▼

◉證券商受託辦理定期定額買賣有價證券
（注意事項）

1. 定期定額買台股，投資金額每筆最低新台幣 1,000 元，增加時以每 1 千元為單位，投資金額無上限。
2. 申請資格及限制為已開立本公司證券帳戶、限為本國人（含自然人及法人）、交割銀行限為元大銀行。
3. 請於申購扣款日之前一營業日確認交割銀行存款餘額應含全部委託之申購金額及手續費。手續費以申請金額之千分之 0.855 計算，手續費最少為新台幣 20 元。同一扣款日如有申購二筆以上定期定額買進，若扣款不足時則全部委託失敗。
4. 投資人指定之標的有停止買賣或變更交易方法或列為處置有價證券者，本公司將於當次「停止」買進該標的，不會扣款。
5. 您可直接於線上異動定期定額之扣款金額、指定買進日及終止定期定額託。

行情	下單	帳務	工具	情報	設定

　　0056 近十年來價格主要介於 21 元 ~28 元的區間來回波動（註6），股價歷經起起伏伏的漲跌周期循環（統計至 2019 年 10 月 21 日）。當我們以定期定額的方式進行扣款時，期間內股價會有波動，所以每次買到的價格可能落在相對低、中、或高的價格。由於我們一整年的交易是分散在 12 個不同的月份，將 12 次的交易價格加總平均之後，買在高價與買在低價的差異便能抵銷；此外，若將時間拉長定期定額投資 40 年的話，最後終將可以得到一個趨近平均值的價格。圖 2 為過去 10 年間，0056 的價格走勢圖，中間由左至右的藍色直線為平均價格的示意圖。

圖 2》 **0056 月線圖**

資料來源：修改自 Goodinfo! 台灣股市資訊網

一但開始定期定額投資了以後，究竟要維持多久的期間呢？看過《別急著吃棉花糖》一書的人都知道，如果能學習忍耐與延遲享樂，最後將可以獲得更大的報酬。每個月把六千元(甚至更多的金額)拿去投資，而不是把它吃喝玩樂花光光，若能堅持延遲享樂 10 年、20 年、30 年、40 年、甚至更長久的期間，最後所創造出來的豐碩成果，將會出乎意料之外。如果從 23 歲進入職場開始定期定額投資到 63 歲退休，累積 40 年時間建置完成 0056 被動收入系統，這個系統以後每年將會自動發放一大筆白花花的銀子 (股利) 到帳戶裡，而且在上天堂之後，還能把這個系統 (股票) 送給子孫。自己的退休金自己存，年老以後享受有錢的生活，不用伸手向子女要錢，活得快樂自在又有尊嚴，不會淪為「下流老人」(註 7)。

註 6：https://goodinfo.tw/StockInfo/ShowK_Chart.asp?STOCK_ID=0056&CHT_CAT2=MONTH

註 7：「下流老人」此一名詞源自於日本社會學者藤田孝典的著作《下流老人：一億総老後崩壊の衝撃》。這個名詞旨在描述日本近年來許多高齡者過著貧窮生活的社會現象以及背後所潛藏的問題，「下流老人」並非鄙視或詆貶之意。

股利再投入－創造複利效果

　　根據研究調查，大多數人希望能在 65 歲前退休。由於醫療發達且民眾普遍有良好的衛生保健習慣，因此國人的平均壽命也不斷延長，再加上物價水準不斷提升的情況下，一般民眾粗估需要準備 1,500 萬元的退休金來安養天年。

　　然而，超過半數 接近退休年齡的民眾，目前所擁有的準備金卻不足 500 萬元，因而對未來的生活感到不安。行政院主計總處的統計資料顯示，107 年度台灣每人月消費支出的平均金額是 22,168 元，其中以彰化縣的金額 15,929 元為最低，又以台北市的金額 28,550 元 (註8)為最高 。退休後雖然基本消費支出會減少，但卻需要更多的醫療保健費用，若想享有較佳的生活品質和健康保障，而設定台北市的金額作為退休後每個月的消費基礎，一年 12 個月便需要準備 342,600 元。

註 8：https://www.dgbas.gov.tw/ct.asp?xItem=40875&ctNode=3240&mp=1

如果退休後個人請領的勞保、公保、國民年金等各種退休金不夠支應生活所需的話，就必須動用到原先儲存的退休準備金，如此一來，金山銀山總有被挖完的一天，無怪乎很多長輩憂心自己會坐吃山空。

　　依照我們每個月定期定額投資六千元購買0056，且持續投資40年不間斷的計畫，最後的總投資金額為6,000*12*40=2,880,000元，此數目尚不及上述500萬元存款準備金的六成，這樣有辦法達到財務自由、安享退休生活的任務嗎？接下來就讓我們一同探究「定期定額投資不間斷」+「股利再投入」所創造出來的驚人效果吧！

　　愛因斯坦曾說過，「複利」是世界的第八大奇蹟，複利能創造出宇宙最大的能量。光是靠每個月定期定額投資六千元0056是無法創造財富的，但若能把每年所領到的股利再繼續投入購買0056，將可以看到複利所創造出來的神奇效果。台灣與世界各國都一樣，股市皆會歷經高低起伏的市場週期，使得股價漲漲跌跌循環不已。此外，企業也會受到景氣繁榮或蕭條而影響獲利，致使公司每年派發的股利會增加或減少。沒有人能準確預測未來每天的股價，以及未來公司每年的股利，因此我們利用10年均價與平均股利（統計至2019年10

月 21 日），對投資計畫的結果進行估算。由於我們採取定期定額長期投資，分散在不同時間持續購買的方式，將使得最終的總體平均價格與股利趨近於平均值。

　　0056 股價的十年均價為 24.45 元，平均股利是 1.385 元（註9）。本書在一開始的自序曾提及，坊間許多投資理財書籍都太艱澀難懂，其實這也是導致大多數人看不懂或沒興趣的原因之一。為了避免這樣的問題，所以本書不使用實際的平均價格與平均股利進行估算，複雜的數字演算雖然可以呈現出實際的投資成果，但這些令人眼花撩亂的數字卻可能會讓大多數讀者看不下去，最後乾脆直接把書闔起來、丟到一旁。為了符合股價與股利的實際數據，但卻又能以簡單易懂的方式讓讀者理解，本書因此利用「整數」與「倍數」的概念，讓大家可以清楚且快速的換算出股價與股利二者之間的變化關係，故我們將價格設定為 24 元（十年均價為 24.45 元），並將股利設定為 1.2 元（平均股利為 1.385 元（註10）），以此做

註9：https://goodinfo.tw/StockInfo/StockDividendPolicy.
　　　asp?STOCK_ID=0056
註10：一張股票為 1000 股，每 1 股的價格為：24000 元 /1000 股 =24 元。
　　　每張股票發放股利 1200 元，每一股的股利為：1200 元 /1000 股
　　　=1.2 元。

為連續投資 40 年的買進價格、股利派發、以及投資成果的計算基礎。

　　雖然所設定的股價約略低於平均價格，致使可以買進的股票數量約略提高，但另一方面因為設定的股利略低於平均金額，這也會致使股利再投入後所能買到的股票數量約略減少，在一增一減的情況下將有助於消彌因價格與股利金額微調設定所造成的差異。

　　此外，小數點則採取大眾通用的計算邏輯，以四捨五入的方式進行運算。以上的折衷方式也許會導致實際數據有些許的落差，但它的優點是能讓讀者一目了然「定期定額投資」+「股利再投入」在持續進行的過程中，每年所產生的變化情形，故盼讀者能對於這樣的設定原理予以諒解。

　　在設定好股價與股利後，我們就可以看看每個月投資六千元，讓這個雪球持續滾 40 年，到最後究竟可以滾出多大的雪球。也就是每個月花六千元資金買下的鵝不能殺掉，然後生出來的蛋也不能吃掉繼續孵化下去，40 年後開心鵝場可以有幾隻鵝，以及牠們又能生出多少蛋呢？第一年從 1 至 12 月，總共投資 6,000*12=72,000 元。一張股票是 24,000 元，

所以總共買了三張股票。0056 每年大致上會在 10、11 月份
發放股利，如果原先設定每月 6 日為扣款日的話，這樣可能
還差一個月才能真正湊齊三張，但是為了讓大家在第一年就
看到完整發放股利的效用，因此設定第一年配息的張數為三
張（註：或是假定第一筆扣款日是從前一年的 10 月 6 日開始，
這樣至隔年 10 月 6 日就剛好滿一年，足以買進三張了）。我
們把每張股票視為「會下金蛋的鵝」（之後簡稱鵝），每張股
票所發放的股利視為「金蛋」。

此外，用「金蛋」再繼續投資購買的股票，有可能是零
股蛋（金額不足 24,000 元時）或是鵝（金額為 24,000 元），股
票、股利、金蛋、以及零股蛋的概念與圖示，請參考表 3。

表 3 》 名詞解釋

鵝	金蛋	零股蛋
用 24,000 元所購買的一張股票稱之為鵝，因為它在次年便會開始持續每年發放股利，如同一隻會下金蛋的鵝。因此，一張股票代表一隻鵝。	金蛋是指股票所配發的股利金額。例如，一張股票發放 1,200 元股利（1*1,200=1,200）。0.5 張股票（亦即 500 股）則是配發 600 元股利（0.5*1,200=600）。	24,000 元可購買一張股票，然而，若資金不足 24,000 元時，僅能根據既有的金額購買相對應的股數。例如，12,000 元可以購買 500 股（亦即 0.5 張股票）。由於只要湊齊 1,000 股，它便能成為一張股票，如同一隻會下金蛋的鵝，所以用即將孵出小鵝的裂痕蛋作為示意圖。

　　第一年投資 72,000 元，買了三張股票，每張股票發放
1,200 元股利，共計 3,600 元股利。所以開心鵝場在第一年的
成果是：三隻鵝＋三顆 1,200 元的金蛋。（如表 4）

　　由於不能殺掉鵝，也不能吃掉蛋，所以我們在第二年時
把第一年生的蛋 (3,600 元) 拿去買零股，亦即進行「股利再

表 4 》 第 1 年開心鵝場成果

年　度	股票資產		
第 1 年	🦢	🦢	🦢
資產：3 張			

投入」的動作。因為每股 24 元 (註 : 一張股票是 1,000 股,
2,4000 元 /1,000 股 =24 元 / 股),所以可以購買 150 股零
股 (3,600/24=150,如 p77 圖 3 示意)。(註 : 實際可購買股
數,會因 0056 當時的股價而有異動,例如股價為 26 元時,
可以購買 3,600/26 ≒ 138 股;股價為 22 元時,可以購買
3,600/22 ≒ 163 股。註 2: 20 元交易手續費須另行支付。)

配發股利　　　　　　　　　　　　　年度股利

1200元　　　1200元　　　1200元　　　3,600 元

　　第二年繼續每月定期定額投資六千元，共計 72,000 元，再買進三張股票。第二年的總資產為：新購三張股票 +150 股，再加上第一年存的三張股票，所以共計有 6 張股票 +150 股（如表 5）。而第二年可以領取的股利包含了：第一年存的三張股票配發 3,600 元，加上第二年新增的三張股票配發 3,600 元，再加上用第一年股利再投入購買的 150 股所配發的 180 元 (註：每股股利為 1,200 元 /1,000 股 =1.2 元。150*1.2=180 元)，總計領了股利 7,380 元。所以開心鵝場在第二年的成果是：6 隻鵝 +150 股零股蛋 +6 顆 1,200 元的金蛋 + 一顆 180 元的金蛋。最重要的是，「複利」在第二年正式登場，開始施展魔法了 (請掌聲鼓勵)。

表 5 》 **第 2 年開心鵝場複利成果**

年　　度	股票資產			
第 1 年	🦢	🦢	🦢	
第 2 年	🦢	🦢	🦢	🥚150 股

資產：(3×2) 張 +150 股 =6 張股票＋ 150 股

圖 3》 零股申購示意圖

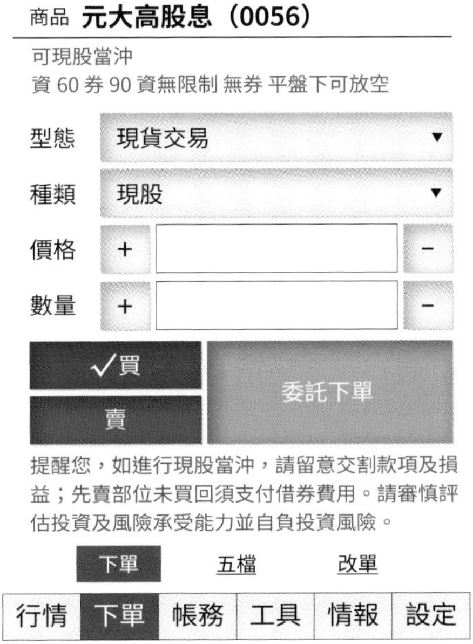

商品 **元大高股息（0056）**
_____

可現股當沖
資 60 券 90 資無限制 無券 平盤下可放空

| 型態 | 現貨交易 | ▼ |
| 種類 | 現股 | ▼ |

| 價格 | + | | − |
| 數量 | + | | − |

| ✓買 | |
| 賣 | 委託下單 |

提醒您，如進行現股當沖，請留意交割款項及損益；先賣部位未買回須支付借券費用。請審慎評估投資及風險承受能力並自負投資風險。

| 下單 | 五檔 | 改單 |

| 行情 | 下單 | 帳務 | 工具 | 情報 | 設定 |

| 配發股利 | 年度股利 |

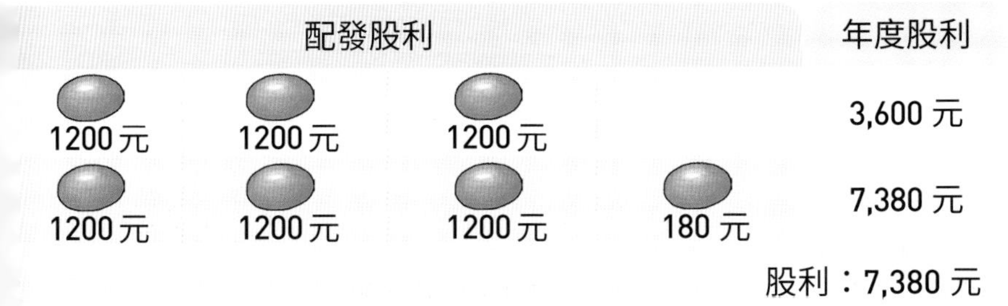

1200元	1200元	1200元	
1200元	1200元	1200元	180元

3,600 元

7,380 元

股利：7,380 元

77

　　第三年時，我們把第二年領到的股利 7,380 元再買進 308
股零股，每個月持續定期定額投資六千元，所以再買進三張
股票。第三年的總資產為新購三張股票與 308 股零股，加上
第一年存的三張股票，再加上第二年存的三張股票與 150 股
零股，總計 9 張股票與 458 股零股。（如表 6）

　　而第三年可以領到的股利包含：第一年存的三張股票配發

表 6 》 第 3 年開心鵝場複利成果

年　度	股票資產			
第 1 年	🦢	🦢	🦢	
第 2 年	🦢	🦢	🦢	⚡150 股
第 3 年	🦢	🦢	🦢	⚡308 股

資產：(3×3) 張 +458 股 =9 張股票＋ 458 股

3,600 元，第二年存的三張股票配發 3,600 元再加上 150 股配發 180 元，再加上第三年新購三張股票配發 3,600 元再加上 308 股配發 370 元，總計股利 11,350 元。開心農場在第三年的成果為：9 隻鵝 +150 股零股蛋 +308 股零股蛋 +9 顆 1,200 元的金蛋 +1 顆 180 元的金蛋 +1 顆 370 元的金蛋。

配發股利				年度股利
1200元	1200元	1200元		3,600 元
1200元	1200元	1200元	180 元	7,380 元
1200元	1200元	1200元	370 元	11,350 元
				股利：11,350 元

　　第四年時，我們把第三年領到的股利 11,350 元再買進 473 股零股，每個月持續定期定額投資六千元，所以再買進三張股票。第四年的總資產為新購三張股票與 473 股零股，加上第一年存的三張股票，加上第二年存的三張股票與 150 股零股，再加上第三年存的三張股票與 308 股零股，總計 12 張股票與 931 股零股。（如表 7）

表7 》 **第 4 年開心鵝場複利成果**

年　　度	股票資產			
第 1 年	🦢	🦢	🦢	
第 2 年	🦢	🦢	🦢	🥚150 股
第 3 年	🦢	🦢	🦢	🥚308 股
第 4 年	🦢	🦢	🦢	🥚473 股

資產：(3×4) 張 +931 股 =12 張股票＋ 931 股

而第四年可以領到的股利包含：第一年存的三張股票配發 3,600 元，第二年存的三張股票配發 3,600 元再加上 150 股配發 180 元，加上第三年存的三張股票配發 3,600 元再加上 308 股配發 370 元，再加上第四年新購三張股票配發 3,600 元再加上 473 股配發 568 元，總計股利 15,518 元。開心農場在第四年的成果為：12 隻鵝 +150 股零股蛋 +308 股零股蛋 +473 股零股蛋 +12 顆 1200 元的金蛋 +1 顆 180 元的金蛋 +1 顆 370 元的金蛋 +1 顆 568 元的金蛋。

配發股利				年度股利
1200 元	1200 元	1200 元		3,600 元
1200 元	1200 元	1200 元	180 元	7,380 元
1200 元	1200 元	1200 元	370 元	11,350 元
1200 元	1200 元	1200 元	568 元	15,518 元
				股利：15,518 元

　　第五年時，我們把第四年領到的股利 15,518 元再買進
647 股零股，每個月持續定期定額投資六千元，所以再買進三
張股票。第五年的總資產為新購三張股票與 647 股零股，加上
第一年存的三張股票，加上第二年存的三張股票與 150 股零
股，加上第三年存的三張股票與 308 股零股，再加上第四年存
的三張股票與 473 股零股，總計 15 張股票與 1,578 股零股，
亦即 16 張股票和 578 股零股。（如表 8）

　　而第五年可以領到的股利包含：第一年存的三張股票配發
3,600 元，第二年存的三張股票配發 3,600 元再加上 150 股配
發 180 元，加上第三年存的三張股票配發 3,600 元再加上 308

表 8 》 第 5 年開心鵝場複利成果

年　　度	股票資產			
第 1 年	🦢	🦢	🦢	
第 2 年	🦢	🦢	🦢	⚡150 股
第 3 年	🦢	🦢	🦢	⚡308 股
第 4 年	🦢	🦢	🦢	⚡473 股
第 5 年	🦢	🦢	🦢	⚡647 股

資產：(3×5) 張 +1,578 股 =16 張股票＋ 578 股

股配發 370 元，加上第四年新購三張股票配發 3,600 元再加上 473 股配發 568 元，再加上第五年新購三張股票配發 3,600 元再加上 647 股配發 776 元，總計股利 19,894 元。開心農場在第五年的成果為：15 隻鵝 +150 股零股蛋 +308 股零股蛋 +473 股零股蛋 +647 股零股蛋 +15 顆 1,200 元的金蛋 +1 顆 180 元的金蛋 +1 顆 370 元的金蛋 +1 顆 568 元的金蛋 +1 顆 776 元的金蛋。

「複利」在第五年時，再度發揮了神奇魔法，累積的免費股票已經由原本的零股狀態，今年為 1,578 股，換算之後可以晉級成 1 張完整的股票 +578 股零股了 (請掌聲鼓勵)。

配發股利				年度股利
1200 元	1200 元	1200 元		3,600 元
1200 元	1200 元	1200 元	180 元	7,380 元
1200 元	1200 元	1200 元	370 元	11,350 元
1200 元	1200 元	1200 元	568 元	15,518 元
1200 元	1200 元	1200 元	776 元	19,894 元

股利：19,894 元

第六年時，我們把第五年領到的股利 19,894 元再買進 829 股零股，每個月持續定期定額投資六千元，所以再買進三張股票。第六年的總資產為新購三張股票與 829 股零股，加上第一年存的三張股票，加上第二年存的三張股票與 150 股零股，加上第三年存的三張股票與 308 股零股，加上第四年存的三張股票與 473 股零股，再加上第五年存的三張股票與 647 股零股，總計 18 張股票與 2,407 股零股，亦即 20 張股票與 407 股零股。（如表 9）

而第六年可以領到的股利包含：第一年存的三張股票配發

表 9 》 **第 6 年開心鵝場複利成果**

年　度	股票資產			
第 1 年	🦢	🦢	🦢	
第 2 年	🦢	🦢	🦢	⚡150 股
第 3 年	🦢	🦢	🦢	⚡308 股
第 4 年	🦢	🦢	🦢	⚡473 股
第 5 年	🦢	🦢	🦢	⚡647 股
第 6 年	🦢	🦢	🦢	⚡829 股

資產：(3×6) 張 +2,407 股 =20 張股票＋ 407 股

3,600 元，第二年存的三張股票配發 3,600 元再加上 150 股配發 180 元，加上第三年存的三張股票配發 3,600 元再加上 308 股配發 370 元，加上第四年新購三張股票配發 3,600 元再加上 473 股配發 568 元，加上第五年存的三張股票配發 3,600 元再加上 647 股配發 776 元，再加上第六年新購三張股票配發 3,600 元加上 829 股配發 995 元，總計股利 24,489 元。開心農場在第六年的成果為 :20 隻鵝 +150 股零股蛋 +308 股零股蛋 +473 股零股蛋 +647 股零股蛋 +829 股零股蛋 +18 顆 1,200 元的金蛋 +1 顆 180 元的金蛋 +1 顆 370 元的金蛋 +1 顆 568 元的金蛋 +1 顆 776 元的金蛋 +1 顆 995 的金蛋。

配發股利				年度股利
1200 元	1200 元	1200 元		3,600 元
1200 元	1200 元	1200 元	180 元	7,380 元
1200 元	1200 元	1200 元	370 元	11,350 元
1200 元	1200 元	1200 元	568 元	15,518 元
1200 元	1200 元	1200 元	776 元	19,894 元
1200 元	1200 元	1200 元	995 元	24,489 元

股利：24,489 元

　　第七年時，我們把第六年領到的股利 24,489 元再買進一張股票與 20 股零股，每個月持續定期定額投資六千元，所以再買進三張股票。第七年的總資產為四張股票和 20 股零股，加上第一年存的三張股票，加上第二年存的三張股票與 150 股零股，加上第三年存的三張股票與 308 股零股，加上第四年存的三張股票與 473 股零股，加上第五年存的三張股票與 647 股零股，再加上第六年存的三張股票與 829 股零股，總計 22 張股票與 2427 股零股，亦即 24 張股票和 427 股零股。（如 p88 表 10）

　　而第七年可以領到的股利包含：第一年存的三張股票配發 3,600 元，第二年存的三張股票配發 3,600 元再加上 150 股配發 180 元，加上第三年存的三張股票配發 3,600 元再加上 308 股配發 370 元，加上第四年新購三張股票配發 3,600 元再加上 473 股配發 568 元，加上第五年存的三張股票配發 3,600 元再加上 647 股配發 776 元，加上第六年存的三張股票配發 3,600 元加上 829 股配發 995 元，再加上第七年新增四張股票配發 4,800 元加上 20 股配發 24 元，總計股利 29,313 元。

開心農場在第七年的成果為:22 隻鵝 +150 股零股蛋 +308 股零股蛋 +473 股零股蛋 +647 股零股蛋 +829 股零股蛋 +20 股零股蛋 +22 顆 1,200 元的金蛋 +1 顆 180 元的金蛋 +1 顆 370 元的金蛋 +1 顆 568 元的金蛋 +1 顆 776 元的金蛋 +1 顆 995 元的金蛋 +1 顆 24 元的金蛋。

表 10 》 第 7 年開心鵝場複利成果

年　　度	股票資產			
第 1 年	🦢	🦢	🦢	
第 2 年	🦢	🦢	🦢	⚡150 股
第 3 年	🦢	🦢	🦢	⚡308 股
第 4 年	🦢	🦢	🦢	⚡473 股
第 5 年	🦢	🦢	🦢	⚡647 股
第 6 年	🦢	🦢	🦢	⚡829 股
第 7 年	🦢	🦢	🦢	⚡20 股

資產：(3×7) 張 +2,427 股 +1 張 =24 張股票＋ 427 股

配發股利					年度股利
1200元	1200元	1200元			3,600元
1200元	1200元	1200元	180元		7,380元
1200元	1200元	1200元	370元		11,350元
1200元	1200元	1200元	568元		15,518元
1200元	1200元	1200元	776元		19,894元
1200元	1200元	1200元	995元		24,489元
1200元	1200元	1200元	24元	1200元	29,313元

股利：29,313元

　　第八年時，我們把第七年領到的股利 29,313 元再買進一張股票與 221 股零股，每個月持續定期定額投資六千元，所以再買進三張股票。第八年的總資產為四張股票和 221 股零股，加上第一年存的三張股票，加上第二年存的三張股票與 150 股零股，加上第三年存的三張股票與 308 股零股，加上第四年存的三張股票與 473 股零股，加上第五年存的三張股票與 647 股零股，加上第六年存的三張股票與 829 股零股，再加上第七年存的四張股票和 20 股零股，總計 26 張股票與 2,648 股零股，亦即 28 張股票和 648 股零股。（如 p92 表 11）

　　而第八年可以領到的股利包含：第一年存的三張股票配發 3,600 元，第二年存的三張股票配發 3,600 元再加上 150 股配發 180 元，加上第三年存的三張股票配發 3,600 元再加上 308 股配發 370 元，加上第四年新購三張股票配發 3,600 元再加上 473 股配發 568 元，加上第五年存的三張股票配發 3,600 元再加上 647 股配發 776 元，加上第六年存的三張股票配發 3,600 元加上 829 股配發 995 元，加上第七年存的四張股票配發 4,800 元再加上 20 股配發 24 元，再加上第八年新增四張股票配發 4,800 元加上 221 股配發 265 元，總計股利 34,378 元。

開心農場在第八年的成果為 :26 隻鵝 +150 股零股蛋 +308 股零股蛋 +473 股零股蛋 +647 股零股蛋 +829 股零股蛋 +20 股零股蛋 +221 股零股蛋 +26 顆 1,200 元的金蛋 +1 顆 180 元的金蛋 +1 顆 370 元的金蛋 +1 顆 568 元的金蛋 +1 顆 776 元的金蛋 +1 顆 995 元的金蛋 +1 顆 24 元的金蛋 +1 顆 265 元的金蛋。

表 11 》 第 8 年開心鵝場複利成果

年　度	股票資產			
第 1 年	🦢	🦢	🦢	
第 2 年	🦢	🦢	🦢	⚡150 股
第 3 年	🦢	🦢	🦢	⚡308 股
第 4 年	🦢	🦢	🦢	⚡473 股
第 5 年	🦢	🦢	🦢	⚡647 股
第 6 年	🦢	🦢	🦢	⚡829 股
第 7 年	🦢	🦢	🦢	⚡20 股　🦢
第 8 年	🦢	🦢	🦢	⚡221 股　🦢

資產：(3×8) 張 +2,648 股 +（1×2）張 =28 張股票＋ 648 股

配發股利					年度股利
1200元	1200元	1200元			3,600 元
1200元	1200元	1200元	180 元		7,380 元
1200元	1200元	1200元	370 元		11,350 元
1200元	1200元	1200元	568 元		15,518 元
1200元	1200元	1200元	776 元		19,894 元
1200元	1200元	1200元	995 元		24,489 元
1200元	1200元	1200元	24 元	1200元	29,313 元
1200元	1200元	1200元	265 元	1200元	34,378 元

股利：34,378 元

　　第九年時，我們把第八年領到的股利 34,378 元再買進一張股票與 432 股零股，每個月持續定期定額投資六千元，所以再買進三張股票。第九年的總資產為四張股票和 432 股零股，加上第一年存的三張股票，加上第二年存的三張股票與 150 股零股，加上第三年存的三張股票與 308 股零股，加上第四年存的三張股票與 473 股零股，加上第五年存的三張股票與 647 股零股，加上第六年存的三張股票與 829 股零股，加上第七年存的四張股票和 20 股零股，再加上第八年存的四張股票和 221 股零股，總計 30 張股票與 3,080 股零股，亦即 33 張股票和 80 股零股。（如 p96 表 12）

　　而第九年可以領到的股利包含：第一年存的三張股票配發 3,600 元，第二年存的三張股票配發 3,600 元再加上 150 股配發 180 元，加上第三年存的三張股票配發 3,600 元再加上 308 股配發 370 元，加上第四年新購三張股票配發 3,600 元再加上 473 股配發 568 元，加上第五年存的三張股票配發 3,600 元再加上 647 股配發 776 元，加上第六年存的三張股票配發 3,600 元加上 829 股配發 995 元，加上第七年存的四張股票配發 4800 元再加上 20 股配發 24 元，加上第八年存的四張股票配發 4,800 元再加上 221 股配發 265 元，再加上第九年新增四張股票配發 4,800 元加上 432 股配發 518 元，

總計股利 39,696 元。

　　開心農場在第九年的成果為 :30 隻鵝 +150 股零股蛋 +308 股零股蛋 +473 股零股蛋 +647 股零股蛋 +829 股零股蛋 +20 股零股蛋 +221 股零股蛋 +432 股零股蛋 +30 顆 1,200 元 的金蛋 +1 顆 180 元的金蛋 +1 顆 370 元的金蛋 +1 顆 568 元 的金蛋 +1 顆 776 元的金蛋 +1 顆 995 元的金蛋 +1 顆 24 元的 金蛋 +1 顆 265 元的金蛋 +1 顆 518 元的金蛋。

表 12》 第 9 年開心鵝場複利成果

年　度	股票資產			
第 1 年	🦢	🦢	🦢	
第 2 年	🦢	🦢	🦢	⚡150 股
第 3 年	🦢	🦢	🦢	⚡308 股
第 4 年	🦢	🦢	🦢	⚡473 股
第 5 年	🦢	🦢	🦢	⚡647 股
第 6 年	🦢	🦢	🦢	⚡829 股
第 7 年	🦢	🦢	🦢	⚡20 股
第 8 年	🦢	🦢	🦢	⚡221 股
第 9 年	🦢	🦢	🦢	⚡432 股

資產：(3×9) 張 +3,080 股 +（1×3）張 =33 張股票＋ 80 股

配發股利					年度股利
1200元	1200元	1200元			3,600 元
1200元	1200元	1200元	180 元		7,380 元
1200元	1200元	1200元	370 元		11,350 元
1200元	1200元	1200元	568 元		15,518 元
1200元	1200元	1200元	776 元		19,894 元
1200元	1200元	1200元	995 元		24,489 元
1200元	1200元	1200元	24 元	1200元	29,313 元
1200元	1200元	1200元	265 元	1200元	34,378 元
1200元	1200元	1200元	518 元	1200元	39,696 元

股利：39,696 元

第十年時，我們把第九年領到的股利 39,696 元再買進一張股票與 654 股零股，每個月持續定期定額投資六千元，所以再買進三張股票。第十年的總資產為四張股票和 654 股零股，加上第一年存的三張股票，加上第二年存的三張股票與 150 股零股，加上第三年存的三張股票與 308 股零股，加上第四年存的三張股票與 473 股零股，加上第五年存的三張股票與 647 股零股，加上第六年存的三張股票與 829 股零股，加上第七年存的四張股票和 20 股零股，加上第八年存的四張股票和 221 股零股，再加上第九年存的四張股票和 432 股零股，總計 34 張股票與 3,734 股零股，亦即 37 張股票和 734 股零股。（如 p100 表 13）

而第十年可以領到的股利包含：第一年存的三張股票配發 3,600 元，第二年存的三張股票配發 3,600 元再加上 150 股配發 180 元，加上第三年存的三張股票配發 3,600 元再加上 308 股配發 370 元，加上第四年新購三張股票配發 3,600 元再加上 473 股配發 568 元，加上第五年存的三張股票配發 3,600 元再加上 647 股配發 776 元，加上第六年存的三張股票配發 3,600 元加上 829 股配發 995 元，加上第七年存的四張股票配發 4,800 元再加上 20 股配發 24 元，加上第八年存的四張股票配發 4,800 元再加上 221 股配發 265 元，加上第九年存的

四張股票配發 4,800 元加上 432 股配發 518 元，再加上第十年新增四張股票配發 4,800 元加上 654 股配發 785 元，總計股利 45281 元。

開心農場在第十年的成果為 :34 隻鵝 +150 股零股蛋 +308 股零股蛋 +473 股零股蛋 +647 股零股蛋 +829 股零股蛋 +20 股零股蛋 +221 股零股蛋 +432 股零股蛋 +654 股零股蛋 +34 顆 1,200 元的金蛋 +1 顆 180 元的金蛋 +1 顆 370 元的金蛋 +1 顆 568 元的金蛋 +1 顆 776 元的金蛋 +1 顆 995 元的金蛋 +1 顆 24 元的金蛋 +1 顆 265 元的金蛋 +1 顆 518 元的金蛋 +1 顆 785 元的金蛋。

表 13 》 第 10 年開心鵝場複利成果

年　度	股票資產			
第 1 年	🦢	🦢	🦢	
第 2 年	🦢	🦢	🦢	⚡150 股
第 3 年	🦢	🦢	🦢	⚡308 股
第 4 年	🦢	🦢	🦢	⚡473 股
第 5 年	🦢	🦢	🦢	⚡647 股
第 6 年	🦢	🦢	🦢	⚡829 股
第 7 年	🦢	🦢	🦢	⚡20 股
第 8 年	🦢	🦢	🦢	⚡221 股
第 9 年	🦢	🦢	🦢	⚡432 股
第 10 年	🦢	🦢	🦢	⚡654 股

資產：(3×10) 張 +3,734 股 +(1×4) 張 =37 張股票＋ 734 股

配發股利					年度股利
1200元	1200元	1200元			3,600 元
1200元	1200元	1200元	180 元		7,380 元
1200元	1200元	1200元	370 元		11,350 元
1200元	1200元	1200元	568 元		15,518 元
1200元	1200元	1200元	776 元		19,894 元
1200元	1200元	1200元	995 元		24,489 元
1200元	1200元	1200元	24 元	1200元	29,313 元
1200元	1200元	1200元	265 元	1200元	34,378 元
1200元	1200元	1200元	518 元	1200元	39,696 元
1200元	1200元	1200元	785 元	1200元	45,281 元

股利：45,281 元

　　第 20 年時，我們把第 19 年領到的股利 109,942 元再買進 4 張股票與 581 股零股，每個月持續定期定額投資六千元，所以再買進三張股票。此年總資產為 90 張股票再加上 9,200 股零股，亦即 99 張股票和 200 股零股，可領到 119,039 元股利。第 20 年的股票資產可以換算成 : 99 隻鵝 +200 股零股蛋。

想看看開心鵝場
在第 20 年的模樣嗎？

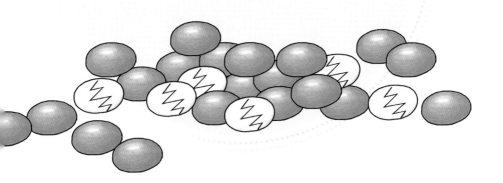

表 14》 第 20 年開心鵝場複利成果

年　度	股票資產
第 1 年	🦢 🦢 🦢
第 2 年	🦢 🦢 🦢　150 股
第 3 年	🦢 🦢 🦢　308 股
第 4 年	🦢 🦢 🦢　473 股
第 5 年	🦢 🦢 🦢　647 股
第 6 年	🦢 🦢 🦢　829 股
第 7 年	🦢 🦢 🦢　20 股　🦢
第 8 年	🦢 🦢 🦢　221 股　🦢
第 9 年	🦢 🦢 🦢　432 股　🦢
第 10 年	🦢 🦢 🦢　654 股　🦢
第 11 年	🦢 🦢 🦢　887 股　🦢
第 12 年	🦢 🦢 🦢　131 股　🦢 🦢
第 13 年	🦢 🦢 🦢　388 股　🦢 🦢
第 14 年	🦢 🦢 🦢　657 股　🦢 🦢
第 15 年	🦢 🦢 🦢　940 股　🦢 🦢
第 16 年	🦢 🦢 🦢　237 股　🦢 🦢 🦢
第 17 年	🦢 🦢 🦢　549 股　🦢 🦢 🦢
第 18 年	🦢 🦢 🦢　876 股　🦢 🦢 🦢
第 19 年	🦢 🦢 🦢　220 股　🦢 🦢 🦢
第 20 年	🦢 🦢 🦢　581 股　🦢 🦢 🦢

資產：（3×20）張 +9,200 股 +（1×5）張 +（2×4）張 +（3×3）張 +（4×2）張 =99 張股票＋200 股

配發股利								年度股利
00元	1200元	1200元						3,600 元
00元	1200元	1200元	180元					7,380 元
00元	1200元	1200元	370元					11,350 元
00元	1200元	1200元	568元					15,518 元
00元	1200元	1200元	776元					19,894 元
00元	1200元	1200元	995元					24,489 元
00元	1200元	1200元	24元	1200元				29,313 元
00元	1200元	1200元	265元	1200元				34,378 元
00元	1200元	1200元	518元	1200元				39,696 元
00元	1200元	1200元	785元	1200元				45,281 元
00元	1200元	1200元	1064元	1200元				51,145 元
00元	1200元	1200元	157元	1200元	1200元			57,302 元
00元	1200元	1200元	466元	1200元	1200元			63,768 元
00元	1200元	1200元	788元	1200元	1200元			70,556 元
00元	1200元	1200元	1128元	1200元	1200元			77,684 元
00元	1200元	1200元	284元	1200元	1200元	1200元		85,168 元
80元	1200元	1200元	659元	1200元	1200元	1200元		93,027 元
00元	1200元	1200元	1051元	1200元	1200元	1200元		101,278 元
00元	1200元	1200元	264元	1200元	1200元	1200元	1200元	109,942 元
00元	1200元	1200元	697元	1200元	1200元	1200元	1200元	119,039 元

股利：119,039 元

　　第 30 年時，我們把第 29 年領到的股利 224,363 元再買進 9 張股票與 348 股零股，每個月持續定期定額投資六千元，所以再買進三張股票。此年總資產為 185 張股票再加上 14,318 股零股，亦即 199 張股票和 318 股零股，可領到 239,181 元股利。第 30 年的股票資產可以換算成:199 隻鵝 +318 股零股蛋。

想看看開心鵝場
在第 30 年的模樣嗎？

表 14 》 第 30 年開心鵝場複利成果

年　度	股票資產
第 1 年	🦢🦢🦢
第 2 年	🦢🦢🦢 💰150 股
第 3 年	🦢🦢🦢 💰308 股
第 4 年	🦢🦢🦢 💰473 股
第 5 年	🦢🦢🦢 💰647 股
第 6 年	🦢🦢🦢 💰829 股
第 7 年	🦢🦢🦢 💰20 股　🦢
第 8 年	🦢🦢🦢 💰221 股　🦢
第 9 年	🦢🦢🦢 💰432 股　🦢
第 10 年	🦢🦢🦢 💰654 股　🦢

配發股利					年度股利
00元	1200元	1200元			3,600 元
00元	1200元	1200元	180元		7,380 元
00元	1200元	1200元	370元		11,350 元
00元	1200元	1200元	568元		15,518 元
00元	1200元	1200元	776元		19,894 元
00元	1200元	1200元	995元		24,489 元
0元	1200元	1200元	24元	1200元	29,313 元
0元	1200元	1200元	265元	1200元	34,378 元
0元	1200元	1200元	518元	1200元	39,696 元
0元	1200元	1200元	785元	1200元	45,281 元

年　度	股票資產
第11年	🦢🦢🦢 ⚡887 股　🦢
第12年	🦢🦢🦢 ⚡131 股　🦢🦢
第13年	🦢🦢🦢 ⚡388 股　🦢🦢
第14年	🦢🦢🦢 ⚡657 股　🦢🦢
第15年	🦢🦢🦢 ⚡940 股　🦢🦢
第16年	🦢🦢🦢 ⚡237 股　🦢🦢🦢
第17年	🦢🦢🦢 ⚡549 股　🦢🦢🦢
第18年	🦢🦢🦢 ⚡876 股　🦢🦢🦢
第19年	🦢🦢🦢 ⚡220 股　🦢🦢🦢🦢
第20年	🦢🦢🦢 ⚡581 股　🦢🦢🦢🦢

配發股利	年度股利
00元 1200元 1200元 1064元 1200元	51,145 元
00元 1200元 1200元 157元 1200元 1200元	57,302 元
00元 1200元 1200元 466元 1200元 1200元	63,768 元
00元 1200元 1200元 788元 1200元 1200元	70,556 元
00元 1200元 1200元 128元 1200元 1200元	77,684 元
00元 1200元 1200元 284元 1200元 1200元 1200元	85,168 元
00元 1200元 1200元 659元 1200元 1200元 1200元	93,027 元
00元 1200元 1200元 1051元 1200元 1200元 1200元	101,278 元
0元 1200元 1200元 264元 1200元 1200元 1200元 1200元	109,942 元
0元 1200元 1200元 697元 1200元 1200元 1200元 1200元	119,039 元

年　度	股票資產
第 21 年　🦢🦢🦢 💰960 股	🦢🦢🦢🦢
第 22 年　🦢🦢🦢 💰358 股	🦢🦢🦢🦢🦢
第 23 年　🦢🦢🦢 💰776 股	🦢🦢🦢🦢🦢
第 24 年　🦢🦢🦢 💰215 股	🦢🦢🦢🦢🦢🦢
第 25 年　🦢🦢🦢 💰675 股	🦢🦢🦢🦢🦢🦢
第 26 年　🦢🦢🦢 💰159 股	🦢🦢🦢🦢🦢🦢🦢
第 27 年　🦢🦢🦢 💰667 股	🦢🦢🦢🦢🦢🦢🦢
第 28 年　🦢🦢🦢 💰200 股	🦢🦢🦢🦢🦢🦢🦢🦢
第 29 年　🦢🦢🦢 💰760 股	🦢🦢🦢🦢🦢🦢🦢🦢
第 30 年　🦢🦢🦢 💰348 股	🦢🦢🦢🦢🦢🦢🦢🦢🦢

資產：(3×30) 張 +14,318 股 + (1×5) 張 + (2×4) 張 + (3×3) 張 + (4×3) 張 +
(5×2) 張 + (6×2) 張 + (7×2) 張 + (8×2) 張 + (9×1) 張 =199 張股票 +318 股

配發股利	年度股利
00元 1200元 1200元 152元 1200元 1200元 1200元 1200元	128,591 元
00元 1200元 1200元 430元 1200元 1200元 1200元 1200元 1200元	138,621 元
00元 1200元 1200元 931元 1200元 1200元 1200元 1200元 1200元	149,152 元
0元 1200元 1200元 258元 1200元 1200元 1200元 1200元 1200元 1200元	160,210 元
0元 1200元 1200元 810元 1200元 1200元 1200元 1200元 1200元 1200元	171,820 元
0元 1200元 1200元 191元 1200元 1200元 1200元 1200元 1200元 1200元 1200元	184,011 元
0元 1200元 1200元 800元 1200元 1200元 1200元 1200元 1200元 1200元 1200元	196,811 元
0元 1200元 1200元 240元 1200元 1200元 1200元 1200元 1200元 1200元 1200元 0元	210,251 元
0元 1200元 1200元 912元 1200元 1200元 1200元 1200元 1200元 1200元 1200元 0元	224,363 元
0元 1200元 1200元 418元 1200元 1200元 1200元 1200元 1200元 1200元 1200元 0元 1200元	239,181 元

股利：239,181 元

　　第 40 年時，我們把第 39 年領到的股利 410,745 元再買
進 17 張股票與 114 股零股，每個月持續定期定額投資六千
元，所以再買進三張股票。此年總資產為 344 張股票再加
上 18,402 股零股，亦即 362 張股票和 402 股零股，可領到
434,882 元股利。第 40 年的股票資產可以換算成：362 隻鵝
+402 股零股蛋。

想看看開心鵝場
在第 40 年的模樣嗎？

表 16 》 第 40 年開心鵝場複利成果

年　度	股票資產
第1年	🦢🦢🦢
第2年	🦢🦢🦢 💳150 股
第3年	🦢🦢🦢 💳308 股
第4年	🦢🦢🦢 💳473 股
第5年	🦢🦢🦢 💳647 股
第6年	🦢🦢🦢 💳829 股
第7年	🦢🦢🦢 💳20 股　🦢
第8年	🦢🦢🦢 💳221 股　🦢
第9年	🦢🦢🦢 💳432 股　🦢
第10年	🦢🦢🦢 💳654 股　🦢

配發股利	年度股利
)0元 (1200元 (1200元	3,600 元
)0元 (1200元 (1200元 (180元	7,380 元
)0元 (1200元 (1200元 (370元	11,350 元
)0元 (1200元 (1200元 (568元	15,518 元
)0元 (1200元 (1200元 (776元	19,894 元
)0元 (1200元 (1200元 (995元	24,489 元
)元 (1200元 (1200元 (24元 (1200元	29,313 元
)元 (1200元 (1200元 (265元 (1200元	34,378 元
)元 (1200元 (1200元 (518元 (1200元	39,696 元
)元 (1200元 (1200元 (785元 (1200元	45,281 元

年　度	股票資產

第 11 年　🦢🦢🦢 ⚡887 股　🦢

第 12 年　🦢🦢🦢 ⚡131 股　🦢🦢

第 13 年　🦢🦢🦢 ⚡388 股　🦢🦢

第 14 年　🦢🦢🦢 ⚡657 股　🦢🦢

第 15 年　🦢🦢🦢 ⚡940 股　🦢🦢

第 16 年　🦢🦢🦢 ⚡237 股　🦢🦢🦢

第 17 年　🦢🦢🦢 ⚡549 股　🦢🦢🦢

第 18 年　🦢🦢🦢 ⚡876 股　🦢🦢🦢

第 19 年　🦢🦢🦢 ⚡220 股　🦢🦢🦢🦢

第 20 年　🦢🦢🦢 ⚡581 股　🦢🦢🦢🦢

配發股利	年度股利
00元 1200元 1200元 1064元 1200元	51,145 元
00元 1200元 1200元 157元 1200元 1200元	57,302 元
00元 1200元 1200元 466元 1200元 1200元	63,768 元
00元 1200元 1200元 788元 1200元 1200元	70,556 元
0元 1200元 1200元 128元 1200元 1200元	77,684 元
0元 1200元 1200元 284元 1200元 1200元 1200元	85,168 元
0元 1200元 1200元 659元 1200元 1200元 1200元	93,027 元
0元 1200元 1200元 1051元 1200元 1200元 1200元	101,278 元
0元 1200元 1200元 264元 1200元 1200元 1200元 1200元	109,942 元
0元 1200元 1200元 697元 1200元 1200元 1200元 1200元	119,039 元

年　度	股票資產
第 21 年 🦢🦢🦢 ⚡960 股	🦢🦢🦢🦢
第 22 年 🦢🦢🦢 ⚡358 股	🦢🦢🦢🦢🦢
第 23 年 🦢🦢🦢 ⚡776 股	🦢🦢🦢🦢🦢
第 24 年 🦢🦢🦢 ⚡215 股	🦢🦢🦢🦢🦢🦢
第 25 年 🦢🦢🦢 ⚡675 股	🦢🦢🦢🦢🦢🦢
第 26 年 🦢🦢🦢 ⚡159 股	🦢🦢🦢🦢🦢🦢🦢
第 27 年 🦢🦢🦢 ⚡667 股	🦢🦢🦢🦢🦢🦢🦢
第 28 年 🦢🦢🦢 ⚡200 股	🦢🦢🦢🦢🦢🦢🦢🦢
第 29 年 🦢🦢🦢 ⚡760 股	🦢🦢🦢🦢🦢🦢🦢🦢
第 30 年 🦢🦢🦢 ⚡348 股	🦢🦢🦢🦢🦢🦢🦢🦢🦢

配發股利	年度股利
00元 1200元 1200元 152元 1200元 1200元 1200元 1200元	128,591 元
00元 1200元 1200元 430元 1200元 1200元 1200元 1200元 1200元	138,621 元
00元 1200元 1200元 931元 1200元 1200元 1200元 1200元 1200元	149,152 元
00元 1200元 1200元 258元 1200元 1200元 1200元 1200元 1200元 1200元	160,210 元
00元 1200元 1200元 810元 1200元 1200元 1200元 1200元 1200元 1200元	171,820 元
0元 1200元 1200元 191元 1200元 1200元 1200元 1200元 1200元 1200元 1200元	184,011 元
0元 1200元 1200元 800元 1200元 1200元 1200元 1200元 1200元 1200元 1200元	196,811 元
0元 1200元 1200元 240元 1200元 1200元 1200元 1200元 1200元 1200元 1200元 0元	210,251 元
0元 1200元 1200元 912元 1200元 1200元 1200元 1200元 1200元 1200元 1200元 0元	224,363 元
0元 1200元 1200元 418元 1200元 1200元 1200元 1200元 1200元 1200元 1200元 0元 1200元	239,181 元

年　度	股票資產

第 31 年 🦢🦢🦢 ⚡966 股

第 22 年 🦢🦢🦢 ⚡614 股

第 33 年 🦢🦢🦢 ⚡295 股

第 34 年 🦢🦢🦢 ⚡10 股

第 35 年 🦢🦢🦢 ⚡760 股

第 36 年 🦢🦢🦢 ⚡548 股

第 37 年 🦢🦢🦢 ⚡376 股

第 38 年 🦢🦢🦢 ⚡244 股

第 39 年 🦢🦢🦢 ⚡157 股

第 40 年 🦢🦢🦢 ⚡114 股

資產：(3×40) 張 +18,402 股 +(1×5) 張 +(2×4) 張 +(3×3) 張 +(4×3) 張 +(5×2) 張 +(6×2) 張 +(7×2) 張 +(8×2) 張 +(9×2) 張 +(10×1) 張 +(11×1) 張 +(12×2) 張 +(13×1) 張 +(14×1) 張 +(15×1) 張 +(16×1) 張 +(17×1) 張 =362 張股票 +402 股

配發股利　　　　　　　　　　　　　　　　　　年度股利

配發股利	年度股利
00元 1200元 1200元 159元 1200元 1200元 1200元 1200元 1200元 1200元 1200元 00元 1200元	254,740 元
00元 1200元 1200元 737元 1200元 1200元 1200元 1200元 1200元 1200元 1200元 00元 1200元 1200元	271,077 元
00元 1200元 1200元 354元 1200元 1200元 1200元 1200元 1200元 1200元 1200元 00元 1200元 1200元 1200元	288,231 元
00元 1200元 1200元 12元 1200元 1200元 1200元 1200元 1200元 1200元 1200元 00元 1200元 1200元 1200元 1200元	306,243 元
00元 1200元 1200元 912元 1200元 1200元 1200元 1200元 1200元 1200元 1200元 00元 1200元 1200元 1200元 1200元	325,155 元
00元 1200元 1200元 658元 1200元 1200元 1200元 1200元 1200元 1200元 1200元 00元 1200元 1200元 1200元 1200元 1200元	345,013 元
00元 1200元 1200元 451元 1200元 1200元 1200元 1200元 1200元 1200元 1200元 00元 1200元 1200元 1200元 1200元 1200元 1200元	365,864 元
00元 1200元 1200元 293元 1200元 1200元 1200元 1200元 1200元 1200元 1200元 00元 1200元 1200元 1200元 1200元 1200元 1200元	387,757 元
00元 1200元 1200元 188元 1200元 1200元 1200元 1200元 1200元 1200元 1200元 00元 1200元 1200元 1200元 1200元 1200元 1200元 1200元	410,765 元
00元 1200元 1200元 137元 1200元 1200元 1200元 1200元 1200元 1200元 1200元 00元 1200元 1200元 1200元 1200元 1200元 1200元 1200元 1200元	434,882 元

股利：434,882 元

　　「持續投資不間斷」+「股利再投入」，重複這個單調的動作 40 年之後，小雪球已經從最初的第一筆六千元投資、總投入資金 2,880,000 元，滾成一個有 362 張和 402 股 0056 股票、以及未來每年可以坐領 434,882 元股利的大雪球了，而且這些股票資產的市值約當 8,697,648 元。過程中每年股票與股利的變化情形，請參見表 17。

　　一講到養兒防老這件事，便經常聽到不少長輩感嘆，他們不敢奢望小孩長大後會養他們，孩子只要能養得活自己，將來不要回來跟他們伸手要錢，那樣就阿彌陀佛了。既然養「兒」防老不可靠，那就改成養「鵝」防老。尤其是現代不婚族愈來愈多，頂客族也有增無減，對於這些人而言，既然不養「兒子」，就應該改養「鵝子」。透過這個 40 年的投資計畫，開心鵝場裡面已經養了 362 隻鵝子，退休之後便「鵝孫滿堂」，可以好好享受「含飴弄鵝」的清福。更棒的是，這群鵝子們每年都會無怨無悔、自動奉上一大筆「孝親費」來孝敬我們。

　　屆時開心鵝場裡的 362 隻鵝子們，便成為一個穩健的被動收入系統，將會源源不絕的下金蛋給我們，而每年 434,882 元的股利，可以讓自己每個月擁有 36,240 元的可支配所得，這個金額高於台北市的平均每人月消費支出 28,550 元，故可減

緩退休後的經濟擔憂。相較於日本近年來的「下流老人」現象，自己不僅可以過著富足又有尊嚴的生活，未來甚至還能再把這個開心鵝場送給子女。更特別的是，到時候可以退而不休，因為退休後的副業便是成為 30 家優質企業的大股東，每年都能收到這些公司自動送上門來的豐厚股利。

表 17 》 資產與股利之複利成果

年　　度	股票資產	股　利
第 1 年	3 張股票	3,600 元
第 2 年	6 張股票 +150 股	7,380 元
第 3 年	9 張股票 +458 股	11,350 元
第 4 年	12 張股票 +931 股	15,518 元
第 5 年	16 張股票 +578 股	19,894 元
第 6 年	20 張股票 +407 股	24,489 元
第 7 年	24 張股票 +427 股	29,313 元
第 8 年	28 張股票 +648 股	34,378 元
第 9 年	33 張股票 +80 股	39,696 元
第 10 年	37 張股票 +734 股	45,281 元
第 11 年	42 張股票 +621 股	51,145 元
第 12 年	47 張股票 +752 股	57,302 元
第 13 年	53 張股票 +140 股	63,768 元
第 14 年	58 張股票 +797 股	70,556 元
第 15 年	64 張股票 +737 股	77,684 元
第 16 年	70 張股票 +974 股	85,168 元
第 17 年	77 張股票 +523 股	93,027 元
第 18 年	84 張股票 +399 股	101,278 元
第 19 年	91 張股票 +619 股	109,942 元
第 20 年	99 張股票 +200 股	119,039 元
第 21 年	107 張股票 +160 股	128,591 元
第 22 年	115 張股票 +518 股	138,621 元
第 23 年	124 張股票 +294 股	149,152 元
第 24 年	133 張股票 +509 股	160,210 元

第 25 年	143 張股票 +184 股	171,820 元
第 26 年	153 張股票 +343 股	184,011 元
第 27 年	164 張股票 +10 股	196,811 元
第 28 年	175 張股票 +210 股	210,251 元
第 29 年	186 張股票 +970 股	224,363 元
第 30 年	199 張股票 +318 股	239,181 元
第 31 年	212 張股票 +284 股	254,740 元
第 32 年	225 張股票 +898 股	271,077 元
第 33 年	240 張股票 +193 股	288,231 元
第 34 年	255 張股票 +203 股	306,243 元
第 35 年	270 張股票 +963 股	325,155 元
第 36 年	287 張股票 +511 股	345,013 元
第 37 年	304 張股票 +887 股	365,864 元
第 38 年	323 張股票 +131 股	387,757 元
第 39 年	342 張股票 +288 股	410,745 元
第 40 年	362 張股票 +402 股	434,882 元

目 本表乃參考 0056 的 10 年均價與 10 年平均股利為基礎，設定股價 24,000 元與股利 1,200 元作為計算基礎。然而，最終的實際投資成果，將因個人投資的起始日期、扣款日期、每日股價漲跌、每年實際配發股利、以及投資期間所經歷的股市循環週期而有所不同。但可以確定的是，投入定期定額的金額越高、持續投資的時間越長，在複利效果的作用之下，所產生的總資產將越多。

目 股票股利或現金股利達 2 萬元時，必需繳納 1.91% 的健保補充保費。為了符合本書所設定之簡單、易懂原則，避免每年股利須扣除 1.91% 健保費後再進行股利再投入之程序，而增加讀者閱讀上的複雜度，故每年之股利並無扣除健保補充保費，敬請讀者予以見諒。

「定期定額投資」+「股利再投入」

　　定期定額投資是一種常見的投資方法，但是大家對於究竟要投資多少錢、投資多久的時間、可以產生多少的報酬，卻沒有一個明確的數據概念。透過本書的設定並以圖形的方式，將投入的金額、購買的股票、配發的股利，轉化成一隻隻的鵝以及一顆顆的蛋，再藉由鵝生蛋、蛋生鵝，生生不息的循環畫面，讓大家對於巴菲特所說的：「人生就像一個雪球。重要的是，要找到濕的雪和一個非常長的山坡」，有了更具體和深刻的印象。此外，巴菲特還有另一句經典名言：「如果你沒有打算持有某檔股票 10 年的時間，那麼就連持有它 10 分鐘的時間都不要」，因為價值投資策略必須在長時間之下才能產生複利效果。

　　開心鵝場的養殖計畫，本質上就是選定優質標的後，再進行長期性投資的複利計畫，除了每個月定期定額投資六千元之外，再將每年所領到的股利「原封不動」的繼續購買股票，讓每年的股利再獲得投資報酬利益。藉由月復一月、年復一年「定期定額投資」+「股利再投入」的單調且重複過程，最終發揮錢滾錢、利滾利、連本帶利、加倍奉還的複利威力。以上的計算，是以 0056 過去 10 年（統計至 2019 年 10 月 21 日）的平均股價與股利為基礎，所估算得到的數值。由於人類文明

不斷進步且經濟科技也不斷成長，相信未來 0056 的長期趨勢也會同步增長，因此未來的 10 年平均股價與平均股利也會呈現成長走向。

　　未來每位讀者每年投資的資產狀況以及最終的實際投資成果，會因個人投資的起始日期、扣款日期、股價漲跌、每年實際配發股利、以及投資期間所經歷的股市循環週期而有所不同。但可以確定的是，投入定期定額的金額越高、持續投資的時間越長，在複利效果的作用之下，最終所能累積的總資產將越多。至於為何能以 10 年的平均股價與平均股利作為長期投資的驗算基礎，以及過程中的漲跌風險與價差變動是否能藉由長期投資來消彌，則會在下個章節作解釋。

　　複利在一開始的效果並不顯著，所以常讓人忽視它的存在，然而隨著時間的延續，它卻會像雪球般越滾越大，開始發揮驚人的效果。如同好酒需要長時間釀造，複利效果也是催促不得的，只要能養成「薪水優先支付給自己」的儲蓄習慣並持續投資，即便只有合理的股利殖利率，若能耐住性子，時間在複利作用的催化之下，終將為有耐心的投資人帶來豐盛的投資成果。每個月投資六千元且股利再投入，持續 40 年之後，已經為自己建造了一個被動收入系統，在無須動用到本金（股票

資產）的情況下，以後每個月將能領到 36,240 元。此金額為先前每個月投資金額六千元的六倍，且能在退休之後活到老、領到老，讓晚年生活多一份保障。

　　若有人從大學 23 歲畢業工作後立即進行投資，直到 65 歲退休，這樣將能增加 2 年的投資年限。雪球再多滾一、兩年，究竟可以再增大多少？猜猜看第 41 年和第 42 年，能累積多少張股票以及領到多少元股利呢？（請看表 18）

表 18 》 第 41 年與 42 年資產與股利之複利效果

年　度	股票資產	股　利
第 41 年	383 張股票 +522 股	460,226 元
第 42 年	405 張股票 +698 股	486,837 元

分散風險
「定期定額投資法」

對於進行定期定額的長期投資人而言，

股價上漲時反而不利於股票資產的累積，

必須在股價下跌時才能買到更多的數量。

股票價格漲漲跌跌讓人捉摸不定它的走向，價格漲的時候投資人歡欣鼓舞、大肆慶祝，價格跌的時候投資人則是憂心忡忡、食不下嚥、輾轉難眠。股票價格的波動變化，讓這些想在股市裡淘金的人膽戰心驚、又愛又恨。其實，對於進行定期定額的長期投資人而言，股價上漲時反而不利於股票資產的累積，必須在股價下跌時才能買到更多的數量。

將時間拉長以降低投資風險

例如，在本人撰寫這本書時，剛好歷經了 2018-2019 年股市睽違已久的萬點行情，0056 的價格也水漲船高在 26-28 元高點盤旋，居高不下。若以這個期間均價 27 元進行計算，原先一年的投資金額 72,000 元只能買到 72,000÷27,000 ≒ 2.666 張，少於原先我們設定均價 24 元所能買到的 3 張。然而以長期觀點而言，股市總是在多頭與空頭之間來回擺盪、循環不已。由 0056 的歷史走勢圖可發現 (參見圖 4)，它的價格不會永無止盡一飛衝天，它在過去十年間也經歷了五次價格低於 24.45 元均價的週期。例如，在 2015 年 4 月 ~2017 年 9 月、標示 5 的這個區間，0056 的價格徘徊在 21~22 元之間，若以 22 元價格計算，則能買到 72,000÷22,000 ≒ 3.272 張，高於原先設定的 3 張數量。

圖 4 》 **0056 價格區間變化**

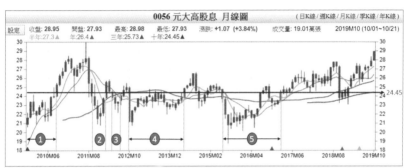

資料來源：修改自 Goodinfo! 台灣股市資訊網

　　0056 的十年平均價格為 24.45 元，先前為了讓讀者以簡單易懂的方式觀察長期投資的變化歷程，因而將平均股價設定為 24 元。我們現在則是回歸到真實的價格，以 0056 的歷史月線圖為基礎，示範說明以定期定額的方式投資 10 年，這期間因股價波動所導致之每次購買數量的差異，如何藉由時間的中和作用，而使得最終整體價格趨近於平均值。(1) 定期：在 2010 年 ~2019 年這 10 年期間，每年 6 月進行投資；(2) 定額：每次購買金額為原先設定的每年 72,000 元。在這期間以每年 6 月份的實際月均價為基礎，換算每年 72,000 元可以購買多少數量的股票。

　　由圖 5 可以看到，0056 的價格呈現出高低循環的週期變化。在這 10 年週期中，2010 年、2012 年、2013 年、2015 年、以及 2016 年，共計五年的 6 月份股價低於十年均價(24.45 元)；而 2011 年、2014 年、2017 年、2018 年、以及 2019 年，共計五年的 6 月份股價高於十年均價 (24.45 元)，二者的比例各占一半。

圖 5》 0056 2010 年~2019 年每年 6 月價格變化

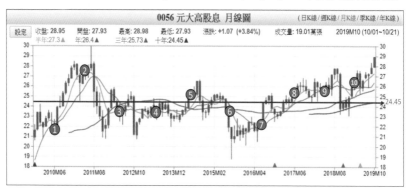

資料來源 : 修改自 Goodinfo! 台灣股市資訊網

🌐 https://goodinfo.tw/StockInfo/ShowK_Chart.asp?STOCK_
　　ID=0056&CHT_CAT2=MONTH

其中以 2010 年 6 月的 21.9 元為最低，當年度可以購買 3.288 張股票 (720,000÷21,900=3.288)；又以隔年 2011 年 6 月的 27.8 元為最高，當年度可以購買 2.590 張股票 (720,000÷27,800=2.590)。投資人在低股價的年度可以買到較多的數量，而在高股價的年度買到較少的數量，2010 年 6 月~2019 年 6 月之歷史價格，以及該年度可以購買之股票數量，整理於表 19。這 10 年總計投入 720,000 元 (72,000*10=720,000)，合計購買 29.435 張股票，平均每張股票的價格為 24,460 元 (720,000÷29.435=24,460)，亦即為 24.46 元，幾乎等於 0056 的真實 10 年歷史均價 24.45 元。

　　由此可知，只要將時間拉長，透過定期定額的投資方法，便能將一般大眾所擔心的股價漲跌所產生之投資風險予以消彌。

表 19 》歷史價格及該年度可以購買之股票數量

年　度	股　價	購買數量（張）	計算方式
2010.6	21.9	3.288	720,000÷21,900=3.288
2011.6	27.8	2.590	720,000÷27,800=2.590
2012.6	23.4	3.077	720,000÷23,400=3.077
2013.6	23.4	3.077	720,000÷23,400=3.077
2014.6	25.2	2.857	720,000÷25,200=2.857
2015.6	23.7	3.038	720,000÷23,700=3.038
2016.6	22.6	3.186	720,000÷22,600=3.186
2017.6	25.6	2.813	720,000÷25,600=2.813
2018.6	25.7	2.802	720,000÷25,700=2.802
2019.6	26.6	2.707	720,000÷26,600=2.707
	合計	29.435	

🌐 0056 2010 年 ~2019 年每年 6 月之月均價格，可至 Goodinfo! 台灣股市資訊網查詢 https://goodinfo.tw/StockInfo/ShowK_Chart.asp?STOCK_ID=0056&CHT_CAT2=MONTH

正在閱讀本書的每個人，因為翻閱的時間不同，有人可能正處於股市多頭階段，此時此刻 0056 的價格攀升至 28 元；有人剛好碰上了大空頭，所以 0056 的價格慘不忍睹跌落至 21 元；也許有人正巧遇上了 24 元呢。然而，若 23 歲開始投資至 63 歲、將時間拉長為 40 年，隨著時間的推移，這 40 年間每天的價格數字，最終都將化為 0056 歷史價格走勢圖上的一個個點，如同滄海一粟般的微不足道。

所以，不用猶豫何時才是開始進行定期定額投資的好時機，也不用刻意挑選黃道吉日，最重要的是，從今天就下定決心把「薪水優先支付給自己」，善用時間複利魔法，立即開始為自己投資不間斷直到退休之日，穩扎穩打地為自己創造被動收入系統，享有財富自由的未來。這種投資方法的最大優點便是，每天不用緊張兮兮盯盤，也無須讓心情隨著股市上上下下、起伏不定，可以把時間用在更有意義的人事物上，開心快樂享受生活。

長江後浪推前浪、前浪死在沙灘上。股市吸引著懷抱快速致富夢想的人進場，他們到處打聽明牌、炒短線、技術分析、使用權證期貨，不少人最後卻賠錢出場，辛苦賺來的錢就這麼消失了。有些人甚至融資融券過度槓桿操作，因為被

融資追繳、斷頭，所以負債累累，悔不當初。
有人拼命往股市衝，卻也有人對股市避而遠
之，害怕股市漲漲跌跌有風險，所以把錢存在
定存或購買債券，這樣雖然安全，通貨膨脹卻
讓錢越變越薄。

　　其實，若能找到良好的投資標的，並奉行
巴菲特長期的價值投資策略，這樣的過程就如
同龜兔賽跑，雖然財富增加的速度無法像兔子
在短時間內一飛衝天，但烏龜一步一腳印慢慢
往前爬，最後卻能安全穩健的到達目的地，因
而累積了大量的財富。

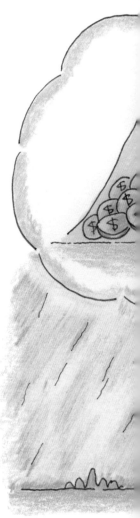

加薪作法

俗話說：「由儉入奢易，由奢返儉難」。
如何達到既能提升生活品質 (享樂)，
又能兼顧儲蓄的效果呢？

隨著年紀的增長，工作資歷也持續累積，職務和薪水也逐漸增加了，但為何存款卻沒有增加呢？剛畢業時薪水雖低，但省吃儉用也還能過日子。等到加薪之後，為了犒賞自己，就去吃大餐、買衣服鞋子、換手機等；一旦再升官發財，接著就是買珠寶、名牌包包、出國旅遊、買車買房，享受生活好不愜意。人類努力工作不外乎就是為了滿足物質慾望與擁有更好的生活品質，然而一旦養成薪水增加支出也立即增加的消費習慣，等到中年才驚覺投資理財的重要性之後，屆時想從薪水中撥出投資資金將會發現這是相當困難的事情，因為所有薪水早已被各種支出項目給安排完了。

俗話說：「由儉入奢易，由奢返儉難」。如何達到既能提升生活品質（享樂），又能兼顧儲蓄的效果呢？折衷的作法便是，未來每次加薪時，便把加薪金額的 30% 存下來，剩下的 70% 便能開心自在的花掉，而且不會有罪惡感。

人類是很容易感到矛盾的動物，加薪時若把錢全部花光光，當下雖然有快感，但是事後常常會懊惱後悔；但若強迫自己把全部的錢都存下來，消費慾望被壓抑久了可能也會影響身心健康。最好的方法是加薪後，立即到銀行提高原先設定的薪水自動轉帳金額，之後每個月被轉走的金額雖然增加

了，但是每個月公司匯入銀行帳戶裡面的薪水卻也變多了，儲蓄與可支配所得兩者皆提高了，真是一舉兩得。

　　所謂由儉入奢易，加薪後不要讓物質享受一下子提升的太快，由於沒有因為錢多了而養成奢華的習慣，未來也就不會因為需要節儉而產生痛苦了。加薪 1,000 元，便可多存 300 元至投資帳戶裡，2,000 元的話則是 600 元，3,000 元的話則是 900 元，4,000 元的話則是 1,200 元。當加薪後每個月提撥 30% 的資金低於 1,000 元時，要持續累積資金，等到存夠一張股票的金額時，就可以再買進一張股票，為自己的開心鵝場再多養一個「鵝子」。若工作表現特優，讓老闆加薪幅度高於 3,500 元時，每個月提撥的金額便會超過 1,000 元了，這時候就能將證券帳戶裡原先每個月扣款 6,000 元，變更設定為 7,000 元，如此一來，未來每個月將能買到更多股數。

獎金作法

如果獎金是屬於非例行性發生的意外之財，
拿到錢就把 30% 的金額儲存到投資帳戶裡，
用這筆錢購買零股，
立即為開心鵝場增添零股蛋。

年終獎金、績效獎金、比賽獎金、統一發票或抽獎中獎等等之各式獎金，這些收入因為不隸屬於固定薪資所得，讓人覺得它是天外飛來的一筆錢，所以會忍不住地想把它花光光。雖然這類收入比較像是無中生有的錢，但是如果我們可以縮小這個從「無」到「有」的幅度，亦即把這筆可以額外花掉的獎金從 100% 降低為 70%，除了依然保有多花了一筆錢的開心感覺之外，但卻又能聰明的為投資帳戶裡累積更多資本。

如果獎金是屬於非例行性發生的意外之財，拿到錢就把 30% 的金額儲存到投資帳戶裡，用這筆錢購買零股，立即為開心鵝場增添零股蛋。若是類似於每隔一陣子就會領到的績效獎金，每次領到錢一樣要存 30% 到投資帳戶裡，可以慢慢累積到一張股票的金額時再購買整張的股票，屆時開心鵝場就能迎接「鵝子」的到來。

願望清單「願望基金」

請回想一下，

你經常會不加思索把錢花在哪些小確幸商品上，

或是日常生活中有哪些項目

其實是可以節省下來的非必要性支出？

在有限的薪水下，買不起豪宅，開不起好車，無法逍遙自在環遊世界。既然無法花大錢，在壓抑的生活中，便經常在不知不覺中，花些小錢來讓自己感到快樂，創造立即性的滿足。也因為這些小錢花起來不痛不癢，皮包裡的錢財也就隨著這些小確幸一點一滴的消失。我們平日可能會把錢花在哪些小確幸上呢？扭蛋、夾娃娃機、手搖杯、甜點、零食、飲料、儲值遊戲點數、籃球投籃機、遊樂場代幣、吊飾、髮飾等等。我們生活當中，還有不少想買的東西、想做的事情，但因為覺得它有點貴、買不起，所以一直遲遲沒有購買，例如，一台 Switch，一隻蘋果手機或筆電，一趟國外旅遊等。

其實若能少花一點小確幸的錢，經過一段時間後，便能讓這些小錢聚沙成塔、累積成一筆可觀的金錢，買下那些原本下不了手、渴望的東西了。請回想一下，你經常會不加思索把錢花在哪些小確幸商品上，或是日常生活中有哪些項目其實是可以節省下來的非必要性支出？接下來的一週，請練習在下面表格紀錄你每一天有哪些花費是屬於小確幸或非必要性支出，並註明它的名稱與金額，等到一個星期結束後，再檢視每天的項目與金額，以及一整週的總金額是多少錢？

Day 1

日期：　　　年　　　月　　　日（星期　　　）

小確幸／ 非必要支出之名稱	金額
1	
2	
3	
4	
當日總金額：	元

Day 2

日期：　　　年　　　月　　　日（星期　　　）

小確幸／ 非必要支出之名稱	金額
1	
2	
3	
4	
當日總金額：	元

Day 3

日期：　　　年　　　月　　　日（星期　　　）

小確幸／ 非必要支出之名稱	金額
1	
2	
3	
4	
當日總金額：	元

Day 4

日期：　　　年　　　月　　　日（星期　　　）

小確幸／ 非必要支出之名稱	金額
1	
2	
3	
4	
當日總金額：	元

日期： 　　年　　　月　　　日（星期　　　）

小確幸／ 非必要支出之名稱	金額
1	
2	
3	
4	
當日總金額：	元

日期： 　　年　　　月　　　日（星期　　　）

小確幸／ 非必要支出之名稱	金額
1	
2	
3	
4	
當日總金額：	元

Day 7	小確幸 / 非必要支出之名稱	金額
1		
2		
3		
4		
	當日總金額：	元
	一週總金額：	元

　　練習紀錄一週 / 七天的小確幸或非必要性支出後，你是否感到訝異，這些看似不起眼的小花費，它的總金額竟然超乎想像。若再換算成一個月、一整年的話，它的金額會有多高？與其把辛苦賺來的錢花在這些小確幸上，不如把它們累積起來，換成更具體、更有價值的東西。首先思考想要購買的商品與它的價格，然後再拿出兩張便條紙，一張寫上【願望清單：商品名稱】，一張寫上【願望基金：金額】，例如：【願望清單：Switch 主機】、【願望基金：10,000 元】，最後再準備一個撲滿，把這兩張便條紙分別貼在撲滿的左右兩側。

　　既然我們原先已經將每個月的薪水設定好自動轉帳六千元至投資帳戶了，剩下來的可支配所得，當然就是要用來開心過生活，這樣才有工作的動力。在能力所及之下，每天花些小錢來獲得小確幸一點也不為過。

　　但從今天開始，在支出這些小錢之前，腦海中若能先浮現出這隻可愛的小豬公（撲滿），以及自己的願望清單，原本今天可能會有三筆小確幸花費，只要減少其中的一樣，例如原本到便利商店打算買一瓶飲料加一包零食，最後只拿一瓶飲料到櫃台結帳，然後把少買那包零食的錢，如 35 元，當天回家後立即從皮包中拿出來，投入到小豬公裡。或是本來想要扭兩顆扭蛋，後來只扭一顆，回家後把 60 元投入小豬公裡。在每天餵養小豬公的過程中，除了因為零錢不斷增加而有成就感之外，也能慢慢了解每一塊錢的價值與重要性。

　　學習思考要把每一筆小錢，花在能產生立即性滿足的小確幸上或是比較有價值的商品上。只要學會了如何在享樂和功效天秤兩端的消費獲得平衡，便能讓自己成為金錢的主人，發揮金錢的價值，開心快樂的生活。開始把一部分小確幸 /非必要性支出的錢節省下來，這樣不間斷地投入到小豬公約莫 6-8 個月後，應該就能存到一萬元，如此一來便能開心購

買 Switch 主機，接下來就可以再規劃下一個願望清單，準備
新的小豬公了。

機會成本「零股基金」

消費前先理性評估一下，

再決定要把錢拿去買東西，

或是把錢拿去投資，便能聰明消費、

聰明投資，對金錢進行妥善的配置。

說到投資理財，大家馬上聯想到要縮衣節食、省吃儉用，方能存下足夠的投資基金。而市面上大多數的投資理財書籍，也都奉勸讀者要克制慾望、能省則省、奉行節約計畫，努力存錢。一想到投資理財需要做這麼多的犧牲，許多人因而紛紛放棄。追求享樂與希望擁有更好的物質享受乃是人類天性，過度壓抑的結果，有時反而會因為失去理智而大爆走，結果亂花錢來發洩。就如同有些人採取節食方法來減肥，早餐、午餐、晚餐只吃一點點食物、甚至不進食，壓抑一整天之後，在睡前那一刻飢腸轆轆，霎那間再也按耐不住想吃的念頭，大吃特吃消夜，把所有熱量一次全補回來，因而影響了健康。

有鑑於此，本書希望大家能聰明消費，快樂生活，簡單投資。回到前面介紹的願望清單儲蓄法，我們可以根據當天的實際情況與心理狀態，彈性調整消費決策。例如，工作不順利狀況百出，搞得心情鬱悶，那就任性的花些小錢讓自己放鬆一下吧；或是當天覺得這些小確幸好像可有可無，可以忽略一些小享樂時，就把省下來的錢投入小豬公。此兩種思考過後的消費決定，都讓錢為我們創造了價值。

把小錢花在小確幸，就無法把它用來實現願望清單；相

反的，把錢存下來購買願望清單上的商品，就無法獲得立即性的小確幸快樂。同樣的一筆錢，究竟要把它花在什麼地方，其實就是「機會成本」的概念。大家若希望能在原先每個月定期定額投資六千元之外再增加更多投資資金，在無法「開源」的情況下，勢必只能透過「節流」來達成。但節流意味必須克制慾望、減少消費，這樣難免讓人鬱鬱寡歡而不開心。消費與儲蓄投資，難道就如同魚與熊掌一樣無法同時獲得嗎？其實只要消費前先理性評估一下，再決定要把錢拿去買東西，或是把錢拿去投資，便能聰明消費、聰明投資，對金錢進行妥善的配置。

還記得 2018 年 9 月蘋果公司推出要價五萬元的 iPhone Xs Max 手機時，曾引起大家熱議，不少網友紛紛開始換算購買這支手機的錢，可以用來購買哪些東西，例如一台機車、一學期的大學學費、兩支它牌手機、一千杯波霸奶茶等等。當你思考一筆錢可以用來購買哪些東西時，其實就是在進行「機會成本」的分析。如果你為了購買一支 iPhone 手機而計畫性的儲蓄了好一陣子，甚至這筆預算是來自願望基金小豬公裡面的錢，當然可以毫無負擔的拿來犒賞自己，實現自己的願望。但如果你必須很吃緊的從薪水中提撥五萬元出來，甚至用分期付款來購買，這支手機兩、三年後也該汰換了，

屆時又要再拿一筆錢來購買新手機，想想這樣值得嗎？

也許有人改以機會成本進行評估，發現如果用 26,000 元買一支它牌手機，剩下的 24,000 元還能再買一張 0056，這樣除了有新手機外，又能在開心鵝場裡面多養一隻會下金蛋的「鵝子」，真是兩全其美。從此以後，這張股票每年將會開始自動發放股利，藉由持續股利再投入的程序，40 年後這個「鵝子」將會繁殖出 6 隻鵝 +718 股零股蛋。亦即一張股票以「股利再投入」的方法，持續重複進行 40 年之後，將會形成一個擁有 6 張股票 +718 股零股的「被動收入系統」(市值約當 161,232 元，參見表 20)。若在 40 年後停止股利再投入的動作，以後它每年都會配發 8,061 元股利讓你享受退休生活，這樣的決定好像也是挺好的。

表 20 》 一張股票 40 年的複利效果

年 度	股票資產	配發股票	年度股利
第 1 年		1200 元	1,200 元
第 2 年	50 股	60 元	1,260 元
第 3 年	53 股	64 元	1,324 元
第 4 年	55 股	66 元	1,390 元
第 5 年	58 股	70 元	1,460 元
第 6 年	61 股	73 元	1,533 元
第 7 年	64 股	77 元	1,610 元
第 8 年	67 股	80 元	1,690 元
第 9 年	70 股	84 元	1,774 元
第 10 年	74 股	89 元	1,863 元
第 11 年	78 股	94 元	1,957 元
第 12 年	82 股	98 元	2,055 元
第 13 年	86 股	103 元	2,158 元
第 14 年	90 股	108 元	2,266 元
第 15 年	94 股	113 元	2,379 元
第 16 年	99 股	119 元	2,498 元
第 17 年	104 股	125 元	2,623 元
第 18 年	109 股	131 元	2,754 元
第 19 年	115 股	138 元	2,892 元
第 20 年	121 股	145 元	3,037 元

年　度	股票資產	配發股票	年度股利
第 21 年	127 股	152 元	3,189 元
第 22 年	133 股	160 元	3,349 元
第 23 年	140 股	168 元	3,517 元
第 24 年	147 股	176 元	3,693 元
第 25 年	154 股	185 元	3,878 元
第 26 年	162 股	194 元	4,072 元
第 27 年	170 股	204 元	4,276 元
第 28 年	178 股	214 元	4,490 元
第 29 年	187 股	224 元	4,714 元
第 30 年	196 股	235 元	4,949 元
第 31 年	206 股	247 元	5,196 元
第 32 年	217 股	260 元	5,456 元
第 33 年	227 股	272 元	5,728 元
第 34 年	234 股	287 元	6,015 元
第 35 年	251 股	301 元	6,316 元
第 36 年	263 股	316 元	6,632 元
第 37 年	276 股	331 元	6,963 元
第 38 年	290 股	348 元	7,311 元
第 39 年	305 股	366 元	7,677 元
第 40 年	320 股	384 元	8,061 元

資產：1 張 +5,718 股 =6 張股票＋ 718 股　　股利：8,061 元

俗話說女人的衣櫥裡永遠少一件衣服，有時明明已經有一件很類似的衣服了，然而還是會忍不住買下它。若能多思考一下，少買這件 1,200 元的衣服，便能把它換成 50 股的零股，持續理性的消費，說不定還能提早幾年退休呢。另外，有時去餐廳或小吃店用餐，明明知道吃不了那麼多，卻還是多點了一、兩盤菜，到最後吃不完，既浪費又不環保，若硬吃完則是既傷腸胃又會變胖。以後到餐廳時，先評估一下狀況再點餐，將能吃得健康無負擔，無剩食又環保，而且還能把少點一盤菜的錢拿去投資。當你少點一盤可能會吃不完、要價 240 元的食物，便能再多買 10 股的零股了。

此外，生活當中還有各類我們覺得無所謂的支出，例如口渴就去便利商店買一瓶礦泉水 (25 元 v.s 1 股的零股)、發現下雨了只好去便利商店買一把傘 (70 元 v.s 2 股的零股)、快遲到了所以搭計程車 (200 元 v.s 8 股的零股)，如果可以培養事先準備、出門前再檢查、提早出門 / 出發等習慣，就能避免發生某些不必要的花費，每個月將能再為自己存下更多的零股基金。

　　從今以後，就把「機會成本」的概念融入生活中，購買商品時先看看它的價格，換算一下這筆金額可以購買多少股數的股票，想想它真的值得買嗎？值得的話，就開心、放心買吧。若產生疑慮時，則評估一下是否能找到其他更物美價廉的替代品，或是未來使用的機會很少，那麼找人借用／租用即可，再把省下來的錢拿去投資，如此一來便能加速達到財富自由的目標。

　　先前的願望清單與願望基金是省下每天的小確幸支出，由於大多數是銅板所以使用小豬公來儲存，但是利用機會成本概念所省下來的錢，每筆金額可能較多且包含紙鈔或零錢，因此可以找出一個糖果、餅乾、禮物等等的包裝紙盒或鐵盒，然後在盒蓋上方貼上或寫上「零股基金」，便能把每次省下的錢放到盒子裡，等到累積的數量達到足以購買一張股票的金額時，就可以把錢存到銀行並為開心農場再增加一個鵝子。

　　有些重視風水的人會在家裡擺設聚寶盆，而我們現在也在家裡為自己擺設了兩個聚寶盆：「願望基金小豬公」以及「零股基金聚寶盒」，好風水將會帶來好財運，一定要試試喔！

儲蓄子女教育基金

根據調查，就讀大學四年的學雜費加上生活費，

保守估計至少需要 100 萬元，

讓不少父母憂心自己將來負擔不起

這筆龐大的資金。

現代人生的少，父母都想給子女無微不至的照顧，希望他們擁有良好的生活品質並接受最好的教育。子女被稱之為甜蜜的負擔，因為父母除了要花費心思養育之外，還需要支付食衣住行育樂各項費用，所以增加了經濟的負擔。從幼兒園一路就讀至高中，大多數父母的最終期望便是希望子女能考上理想大學並完成學業。然而根據調查，就讀大學四年的學雜費加上生活費，保守估計至少需要 100 萬元，這也讓不少父母憂心自己將來負擔不起這筆龐大的資金。

　　一般人可能無法一次拿出 100 萬元，但若能及早開始儲蓄教育基金，屆時便能輕鬆的送子女去讀大學。在子女出生那一刻，每個月便開始在教育基金帳戶裡面儲蓄 3,000 元（註，另外還要再多存 20 元手續費），並複製先前「定期定額投資」＋「複利再投入」的方式，持續投資 0056 股票 18 年，過程中每年股票與股利的變化情形，請參見表 21。

表 21 》**資產與股利之複利成果**

年 度	資 產	股 利
第 1 年	1.5 張股票	1,800 元
第 2 年	3 張股票 +75 股	3,690 元
第 3 年	4 張股票 +729 股	5,675 元
第 4 年	6 張股票 +465 股	7,758 元
第 5 年	8 張股票 +288 股	9,946 元
第 6 年	10 張股票 +202 股	12,243 元
第 7 年	12 張股票 +212 股	14,655 元
第 8 年	14 張股票 +323 股	17,188 元
第 9 年	16 張股票 +539 股	19,847 元
第 10 年	18 張股票 +866 股	22,639 元
第 11 年	21 張股票 +309 股	25,571 元
第 12 年	23 張股票 +874 股	28,649 元
第 13 年	26 張股票 +568 股	31,882 元
第 14 年	29 張股票 +396 股	35,276 元
第 15 年	32 張股票 +366 股	38840, 元
第 16 年	35 張股票 +484 股	42,582 元
第 17 年	38 張股票 +758 股	46,511 元
第 18 年	42 張股票 +196 股	50,637 元

18 年之後，子女剛好也高中 / 職畢業要上大學了，此時開心鵝場裡面已經有 42 張股票和 196 股零股，股票市值約當 1,012,704 元，剛好大致符合就讀大學四年 100 萬元的資金需求。未來大學四年期間每一年可以分配到 25 萬元的金額，到時候就可以根據資金需求，計畫性的逐漸賣出一張一張的股票，支應每個學期的學雜費以及期間的生活費。

每個月儲蓄 3,000 元教育基金的投資計畫，其實就是透過以小額資金先養「鵝子」(0056 股票)，之後再把「子女」的大學教育經費交由「鵝子」去處理。子女上大學之後，在每年 25 萬元資金的挹注之下，父母幾乎不用再負擔子女的教育費與生活費。此外，等到子女大學畢業後進入職場，由於他們已經自力更生了，所以也無需父母再支應養育經費。因此，只要願意執行這樣的教育資金投資計畫，扶養子女至高中 / 職畢業，待子女 18 歲上大學之後，父母就能好命了。當別人還在煩惱籌不出學雜費，或是需要申請就學貸款時，你卻能感到很輕鬆，並慶幸自己當時所作的投資決定。

表 21 乃參考 0056 的 10 年均價與 10 年平均股利為基礎，設定股價 24,000 元與股利 1,200 元作為計算基礎。然而，最終的實際投資成果，將因個人投資的起始日期、扣款日期、每日股價漲跌、每年實際配發股利、以及投資期間所經歷的股市循環週期而有所不同。但可以確定的是，投入定期定額的金額越高、持續投資的時間越長，在複利效果的作用之下，所產生的總資產將越多。

股票股利或現金股利達 2 萬元時，必需繳納 1.91% 的健保補充保費。為了符合本書所設定之簡單、易懂原則，避免每年股利須扣除 1.91% 健保費後再進行股利再投入之程序，而增加讀者閱讀上的複雜度，故每年之股利並無扣除健保補充保費，敬請讀者予以見諒。

學貸清償策略

大學畢業後原本應是欣喜迎接嶄新的人生時刻，
但是畢業後迎接社會新鮮人的卻是
一筆沉重的銀行貸款，
在如此龐大的經濟壓力之下，
人生彷彿蒙上了一層灰。

由於萬般皆下品、唯有讀書高的觀念深植人心，許多望子成龍、望女成鳳的父母，從小就督促子女要認真讀書，以便長大後能考取好大學。然而在大專院校數量增加以及少子化的衝擊下，近年來大學錄取率已接近 100%。在高等教育普及化的趨勢下，大學學歷儼然已經成為求職的基本學歷要求，致使大多數高中/職學生在畢業後，選擇繼續就讀大學。

但是大學四年、八個學期的學雜費所費不貲，部分學生因而選擇利用就學貸款來取得所需的資金。對於這些同學而言，大學畢業後原本應是欣喜迎接嶄新的人生時刻，但是畢業後迎接他們的卻是一筆沉重的銀行貸款，在如此龐大的經濟壓力之下，人生彷彿蒙上了一層灰，看不見光明的未來。畢業後一開始的薪水本來就比較少，扣除基本開銷，若再加上清償就學貸款的支出後，根本就沒有多餘的錢進行開心鵝場的養殖計畫了。

西方人習慣借錢消費，房屋、汽車、各式家電等皆貸款購買，享受生活但卻擁有一身債務。東方人則是不喜歡欠錢的感覺，貸款買房後除了每個月按時還款之外，還省吃儉用拼命存錢，每存到一筆金額後便立刻把它拿到銀行還款，以期能早日無債一身輕。所以台灣人清償房貸的年限，通常短

於銀行原先設定的時間。在這樣的觀念下,不少人處理數十萬元鉅額就學貸款的方法,就是畢業後立即開始還款,並且努力提前還款,希望及早還完就學貸款這個賣身契,擁有經濟自主的人生。

　　教育部網站列舉了就學貸款的還款試算表(如 p180 頁表22),提供貸款金額從 20 萬元至 135 萬元之範例,若以貸款金額處於中間值的 60 萬元為基礎,每個月償還 6,545 元的本金加利息的話,共計需要 8 年才能還完。若 23 歲畢業開始工作還錢,31 歲時終於還完所有的就學貸款了,但 31 歲卻也剛好邁入三十而立的人生階段。此時雖然沒有負債而可以喘口氣了,但過去的八年歲月若只為銀行還款拼命,但卻沒有為自己投資理財,在口袋空空的情況下,誰敢成家立業呢?現在台灣的年輕人除非有富爸爸,普通家境的青年常感嘆無法脫貧脫單,他們在沒有穩固的經濟基礎之下不想結婚,即便結了婚也害怕養不起小孩而選擇不生孩子。少子化再加上人口老化,將是台灣未來的隱憂。

表 22 》 就學貸款清償試算表

貸款本金	平均每月須償還本金及利息
20 萬元	2,182（8 年）
30 萬元	3,273（8 年）
40 萬元	4,364（8 年）
60 萬元	6,445（8 年）
80 萬元	5,951（8 年）
135 萬元	6,923（8 年）

資料來源：1070803「就學貸款輕鬆還措施」懶人包

🌐 https://www.edu.tw/News_Content.aspx?n=9E7AC85F1954DDA8&s=5E57C530BE471E52

106 學年度，我國公私立大專院校申請就學貸款的貸款人次為 471,909 人，貸款人數為 262,997 人，總貸款金額為 20,110,045,347 元，高達 200 億元。為了減輕學生畢業後償還貸款的壓力與負擔，行政院於 107 年 9 月 1 日公布了「只繳息不還本」和「放寬緩繳門檻」等措施，貸款人除了原先享有畢業 (退伍) 後一年無須繳還本金及利息的「緩繳期」之外，現在更新增了每人一生可享有 4 年只繳息不還本的優惠，貸款人可申請只繳息年限，如 1 次 1 年、2 年、3 年或 4 年。

　　有申請就學貸款的人，特別是目前還在讀書的大學生，未來畢業後一定要善用政府的這項措施，工作後領到的薪水「優先支付給自己」，把握投資的黃金歲月，為自己累積財富，而不是急著把錢送 (還) 給銀行。

　　根據政府提供的試算表（如 182 頁表 23），若貸款本金為 60 萬元，原先每個月須償還本金加利息 6,545 元，在提出只繳利息的申請後，每個月只需繳利息 575 元，減少下來的 5,970 元，剛好近乎我們所設定的每個月定期定額投資 0056 六千元的金額。

表 23 》 **就學貸款清償試算表**

貸款本金	平均每月須償還本金及利息	學生只繳息	學生減輕負擔	政府相對也負擔
20 萬元	2,182（8 年）	192	1,990	158
30 萬元	3,273（8 年）	288	2,985	238
40 萬元	4,364（8 年）	383	3,981	317
60 萬元	6,545（8 年）	575	5,970	475
80 萬元	5,951（8 年）	767	5,184	633
135 萬元	6,923（8 年）	1,294	5,629	1,069

資料來源：1070803「就學貸款輕鬆還措施」懶人包

一年的「緩繳期」再加上 4 年的「只繳息不還本」，大學畢業後便能為自己爭取五年的投資時間，展開投資的複利效果。若每個月把 5,970 元拿去定期定額投資而不是急著拿去還貸款，工作起來一定會充滿希望，因為賺到的錢都在為自己創造財富。此外，5 年後將為自己累積 16 張 0056 股票以及 578 股零股，這些股票資產市值為 397,872 元，並且可以配發 19,894 元股利了（參見 p126 表 17)。五年後雖然寬限期已經到了而必須開始還款，但屆時隨著工作資歷的增加，職務和薪水也跟著增加了，所以應該有能力繼續定期定額投資並且同時提撥資金償還助學貸款。

　　相反的，過去由於沒有「只繳息不還本」的政策，大學生畢業後不得不開始還款，一想到辛苦工作賺的錢都要拿去還債，便容易感到厭世，也失去努力打拼的動力，並對未來感到茫然。既然政府為了解決就學貸款者的還款壓力而推出了「只繳息不還本」的措施，有就學貸款者就應該把握這個機會，善用這筆資金來投資理財。若是符合經濟弱勢資格者，甚至可以再善用「放寬緩繳門檻」等措施，為自己再爭取更長的投資年限，發揮投資的複利效果。

坐而言不如起而行

我們常說等一下再做、明天再做、
下次再做、之後再考慮等等，
因而錯失生命當中許多寶貴的機會。

因為懶惰、嫌麻煩，我們常說等一下再做、明天再做、下次再做、之後再考慮等等，因而錯失生命當中許多寶貴的機會，有些事情至今想起來還是會感到遺憾、可惜，後悔自己當初怎麼沒有立刻去做，或是為何半途而廢，如果那時候做了且堅持到底的話，現在的人生會有多麼的不同。想要成為億萬富翁可能要付出極大的努力，且需要天時地利人和來配合；然而，為自己累積穩健的退休資金卻是相對容易執行的。生命就像沙漏裡的流沙，它只會隨著時間一分一秒的流逝，而我們的青春與體力，也會隨著時間一點一滴的耗損。若我們能利用年輕才能擁有的「長時間本錢」及早開始投資

理財，便能讓複利施展魔法，把流逝的歲月點石成金，為我們累積豐盛的財富。

　　如果正在閱讀這本書的你，正值高中或大學的青春歲月，強烈建議你，現在就去證券公司與銀行開戶，立即將每個月的零用錢或打工賺到的錢，省下三千元開始進行定期定額投資，畢業後再將每個月的投資金額增加為六千元，甚至更多。此外，如果畢業後便找到很好的工作，一個月薪水高達四、五萬元以上，最好能在此單身、無家庭負擔的人生階段，將每個月的定期定額金額設定為一～二萬元，當雪球的體積越大時，在重力加速度的相乘效果之下，將能隨著坡道滾出更大的雪球，創造加倍的財富。

　　然而，如果正在閱讀這本書的你已經三、四十歲，發現距離退休年齡可以的投資時間已經減少很多，若定期定額投資六千元 25 年的話，退休後的資產為 143 張股票 +184 股零股，每年可領到 171,820 元 (參見 p126 表 17)，這樣似乎不夠支應退休後的資金需求。此時也別感到氣餒，雖然時間的長坡已經縮短了，但若能把在坡道上打滾的雪球增大，或是讓坡道上滾動的雪球變多，還是能夠提高複利的效果。人生至這個階段職務與薪水都晉升了，所以建議將每個月定期定

額金額提高為一～二萬元，或將扣款次數增加為二～三次，如此一來依然可以建立被動收入系統，達到財富自由的目標。

　　有些人在看完本書以後，可能會覺得要持續投資 40 年的時間對我而言實在太難了，根本就是天方夜譚、考驗人性啊！先別急著放棄，現在就開始練習建立「把薪水優先支付給自己」的習慣，並立即展開定期定額投資＋股利再投入的計畫，持續一、二年之後，也許會發現它沒有想像中困難，而且逐漸培養出儲蓄與投資的習慣，讓自己變得更有紀律，也對未來更有希望。持續十年之後，準備成家立業的人，也能把之前累積的股票資產，轉化成為購買房子的頭期款，歡喜迎接人生的新里程。或是此時人生閱歷已變得更豐富，並學習了更佳的投資理財方法（切記，千萬別投機、炒短線，否則辛苦累積起來錢可能會化為烏有），屆時也將有一筆資金來按照自己的方法進行投資。當然，若你能堅持用本書建議的方法持續投資 40 年，你將會看到自己擁有的股票資產和股利年復一年的增加，每天都能擁有金錢的安全感。

　　另外，大家一定要試試願望基金和零股基金這兩個簡單又有趣的小法寶，在日常生活中更有意識地去感受自己所賺的每分錢，它們究竟被花在哪些地方，如此一來既能享受錢

所帶來的幸福快樂，也能有機會讓錢轉化成投資的種子。對於有申請就學貸款的學生而言，也別因為要清償貸款而失去努力的動力，你們畢業後也一樣能展開美好的前程，把握年輕的黃金歲月，為自己累積五年資產，啟動複利投資計畫。

在我開始投資理財之後，深切體會到「時間就是金錢」的道理，多麼希望自己當年能早一點知道、早一點進行，現在就不用在投資的道路上被時間追著跑。如果我在高中、大學時期，除了學習課堂上的專業知識之外，若有人教導我財富智商並以簡單、具體的內容示範說明它的執行方法，那樣的我應該和現在的我大不相同。如果你和我一樣也年紀稍長，而且同樣有著千金難買早知道的感概，請將這本書分享給你的子女以及你想關心的年輕朋友，千萬不要讓他們步上和我們一樣的後塵。衷心建議你在看完這本書後，謹記「坐而言不如起而行」的道理，立刻開始執行投資計畫，數十年之後，你將會感謝此時此刻的你所做的決定。俗話說，一個人自己走，可以走得很快；一群人一起走速度雖然會變慢，但卻能走得更遠。請把這本書分享給你的好朋友和伴侶，大家一起投資、相互勉勵，這樣將能讓投資計畫執行地更長久。

祝福你擁有健康、快樂、富足的人生。

"Yes,
我養鵝了,,

自己養會下金蛋的鵝

養兒防老不可靠‧養鵝防老正當道

作者／插畫：江季芸
E-mail: goldeneggsmiller@gmail.com

總編輯：陳建竹
E-mail:chienchuchen@hotmail.com

視覺設計：何瑞雯
E-mail:aggice0401@gmai.com

出版／總經銷：學明書局
地址：彰化縣員林市靜修東路 187 號 1 樓
電話：04-834-0360
傳真：04-838-2028

印刷：百通科技股份有限公司
地址：新北市汐止區大同路 2 段 171 號 4 樓
電話：02-8692-6066

初版日期：109 年 6 月
定價：NT$280 元

國家圖書館出版品預行編目(CIP)資料

自己養會下金蛋的鵝；江季芸 -- 初版 . --
彰化縣：學明書局 , 2020.6
192 面；14.8×21 公分
ISBN 978-986-99116-0-3（平裝）. --
1.股票投資 2.投資技術 3.投資分析
563.53   109006377